現代日本語の存在を表す諸表現

—「アル」「イル」「テイル」「テアル」—

渡辺　誠治 著

*J-C*LCP

日本語・日本語習得研究博士論文シリーズに寄せて

　博士学位は運転の免許に例えられることがある。一理ある考え方である。人は、運転が十分に上手になってから免許を取るのではなく、最低限の知識と技能を身につけた段階で初めて免許を取り、それから一生懸命に車を走らせて技術を上達させていくからである。

　しかし、立場を変えれば、これは盲点のある例え方だと評することもできる。なぜなら、免許の取り方と学位の取り方とではその性格に大きな開きがあるからである。免許を取る訓練の段階では、指導教官が隣の席に座って丁寧に教えてくれるが、それでも、よほど危険な状況に遭遇しない限り、運転に直接手を貸すことはない。また、免許を取得できるかどうかが決まる試験に際しては、あくまで受験者が自力のみで努力し、うまく行かなかったら、一律に不合格になる。

　一方、博士学位の場合はどうか。まず博士論文の作成においては、発想から表現まで指導教員が惜しまずに力を貸すことがある。さらによくないのは、そうしておきながら、一旦審査する段階になると、同じ教員が主査を務めてしまうことにある。このような調子だから、「手前味噌」の滑稽劇がひっきりなしに展開される。これによって、学位を取った人の一部は、学位を取った日が研究を止める日になってしまう。なぜなら、一人では研究を続けていくことができないからである。

　このような滑稽劇を根絶するためには、体制の根本的な改革が必要であり、教員の一人二人の努力だけではどうしようもない。しかし、このシリーズの企画に際しては、せめてこの風潮を助長しないように注意を払っていくつもりである。つまり、執筆候補者の選定に関して、学位申請に必要とされた「博士論文」を見るだけではなくて、学位取得から一定以上の年数が経過しても、依然として弛まず研究を続けられていることを必須条件として定めているのである。

　こうすることで、このシリーズの著者たちは、本書の背表紙に刻まれた著者名だけでなく、学会や研究会の壇上で活躍する実際の姿と、学会誌の目次や研究会のプログラムに頻出する名前とが、常に三位一体となった動的な存在であることが保証されるであろう。シリーズの刊行が学問隆盛の一助となることを切に望む次第である。

大阪府立大学　張　麟声

目　　次

第 1 章　はじめに

1.1　本稿の背景と目的

　次の (1) (2) は，筆者が実際に聞いた日本語を母語としない超級日本語話者による発話である[1]。

　　(1)〈レストランで出てきた特製サラダを見た日本語超級話者が筆者に対して〉

　　　　あ，サラダにメロンが<u>ある</u>。

　　(2)〈道で，既に乗客がいるタクシーに向かって手を挙げている筆者に対して〉

　　　　(あのタクシーには) 人が<u>います</u>よ。

　日本語母語話者ならば，(1) や (2) の状況において物や人の存在を言い表す場合，次の (1′) (2′) のように，存在動詞「アル」「イル」ではなく「Vテイル」を用いて表現するのではなかろうか。

　　(1′) あ，サラダにメロンが<u>入っている</u>。

　　(2′) (あのタクシーには) 人が<u>乗ってます</u>よ。

　物や人の存在を表す日本語の最も基本的な文の形式として「(存在場所) ニ (存在物) ガ {アル／イル}」がある。しかし，(1′) (2′) のように，実際の言語使用では存在を表す動詞「アル」「イル」の使用が抑制され，「Vテイル」などの形式が用いられるケースがある。

　同様の事例をもう少し見てみよう。次の (3) では「アル」の使用に全く問題がない。しかし，(4) では「アル」より「Vテイル」のほうが自然に感じられる。

1　(1) (2) の話者の母語はいずれも中国語である。

1

(3)　ダイニングテーブルの上に手紙が<u>ある</u>。

　(4)　①　^{??}路上に財布が<u>ある</u>。

　　　②　路上に財布が<u>落ちている</u>。

　一方,次の (5) では,「アル」「Vテイル」ともに問題なく使用される。

　(5)　①　道端に道案内の看板が<u>ある</u>。

　　　②　道端に道案内の看板が<u>たっている</u>。

この場合,「Vテアル」も使用可能である。

　(5)　③　道端に道案内の看板が<u>たててある</u>。

　上記 (3) 〜 (5) は存在対象が非情物の場合であったのに対して,上例の (2) と (2′) は,存在対象が有情物である。(2)(2′) では「イル」の許容度が低く,「Vテイル」の使用が優勢であった。ところが,次の (6) では逆に「Vテイル」ではなく「イル」が優勢になる。

　(6)　①　家の前に不審者が<u>いる</u>。[2]

　　　②　[?]家の前に不審者が<u>来ている</u>。

しかし,(7) では「Vテイル」「イル」ともに問題なく使用される。

　(7)　①　家の前にテレビ局の記者が<u>いる</u>。

　　　②　家の前にテレビ局の記者が<u>来ている</u>。

　(1) 〜 (7) に見られる言語現象は,ある場所に物や人が存在する状況を表そうとするとき,「アル」「イル」「Vテイル」「Vテアル」との間で何らかの使い分けがなされる場合のあることを示している。

　日本語教育において,物や人の存在を言い表すことは重要な表現行為であり,そこで使用される「アル」「イル」「Vテイル」「Vテアル」は基本的な学習項目である。ところが,それらがどのように使い分けられているのか,これまでの研究では明らかにされていない。

2　陳 (2009) に同様の指摘がある。後述する。

　本稿の関心は，同一の事態を表現することが可能ないくつかの表現（＝類義表現）の中で，ある1つの表現が，どのような要因によって選択され，他の対立する表現との間でいかに使い分けられているのか，という点にある。このような問題設定のあり方は，日本語教育や翻訳をはじめとする言語記述の「実用性」を考慮するとき，重要性の高い観点の1つであると言える[3]。

　本稿の目的は，こうした問題意識に立脚して，(1) 〜 (7) で見たような，物や人の存在を表す文（特に，その文の動詞の形式）が，どのような要因によって使い分けられているのかを明らかにすることである。具体的には，次の (a) 〜 (d) の形の文に現れる「アル」「イル」「Vテイル」「Vテアル」の使い分けの要因の解明である。

　　(a) 存在場所ニ　存在物ガ　<u>アル</u>。
　　(b) 存在場所ニ　存在物ガ　<u>イル</u>。
　　(c) 存在場所ニ　存在物ガ　<u>Vテイル</u>。
　　(d) 存在場所ニ　存在物ガ　<u>Vテアル</u>。

1.2　本稿の構成

　本稿の構成は次のとおりである。

　第2章では，「アル」「イル」と「Vテイル」との関係に言及している先行研究を概観する。第3章および第4章では，本稿の主題である，存在を表す諸表現の間の「使い分け」について論じる。第3章では〈非情物の存在を表す表現〉について，第4章では〈有情物の存在を表す

3　益岡 (2002) で，日本語記述文法を特徴づけるキーワードとして「包括性」「体系性」「明示性」とともに「実用性」が挙げられている。

表現〉について考察する。第5章で，本稿での考察結果をまとめ，今
後の課題を整理する。

第2章　先行研究

　存在動詞「アル」「イル」，あるいは，アスペクト研究の立場からの「Vテイル」「Vテアル」に関する研究には膨大な蓄積がある。しかし，物や人の存在を表す表現という観点から「Vテイル」「Vテアル」を考察した研究は多くない。また，「Vテイル」「Vテアル」に存在表現としての側面を認める立場の研究であっても，「Vテイル」「Vテアル」と存在動詞「アル」「イル」との関係や使い分けに着目した研究は少ない。

　日本語の「Vテイル」「Vテアル」を「アル」「イル」とともに存在を表す表現として位置づけ，両者の関係を考察していくための一つの契機となった研究に張志公（1982），李（1986）による中国語の存在表現に関する研究がある。

　張志公（1982）は，中国語の存在表現として次の2つの類型を立てている。

　①存在動詞「有（是）」を用いて専ら存在を表すタイプ

　②「V＋着／V＋了」を用いて対象がどのように存在しているかを
　　表すタイプ

　一方，李（1986）は，主に動詞の意味的特徴に基づいて，中国語の存在表現[1]を7種類に分類している[2]。

　張志公（1982）による上述の存在表現の2分類を踏まえ，張麟声（1990，1991）は，日本語の「アル／イル」を動詞とする存在表現を

1　ここでの存在表現は，張志公（1982）による分類の②に相当するものである。
2　李（1986）はこれ以外に動詞に後接する補語「満」や動詞が現れない構文等を挙げている。

「単純存在表現」，「Ｖテイル／Ｖテアル／Ｖ（受身）テイル」を動詞とする表現を「様態存在表現」に分類した。張麟声（1991，1992）では，これに「存在表現」「所在表現」の分類を加えて，次に示すａを「単純存在表現」，ｂを「様態存在表現」，ｃを「単純所在表現」，ｄを「様態所在表現」としている。

a．ＮＰ場所＋ＮＰ存在主体＋ある（いる）

b．ＮＰ場所＋ＮＰ存在主体＋Ｖ＋ている／てある

c．ＮＰ存在主体＋ＮＰ場所＋ある（いる）

d．ＮＰ存在主体＋ＮＰ場所＋Ｖ＋ている／てある

さらに，李（1986）による上述の７分類を踏まえ，張麟声（1991）では，意味的観点に形態的な観点を加えて中国語と日本語の「様態存在表現」を分類し，両者の対応関係を示している。

「アル」と「Ｖテイル」「Ｖテアル」との使い分けの要因として，本稿では，「事態の類型」および「存在物と存在場所との物理的な関係」という観点を導入することになるが，それらは張麟声（1991）による「様態存在表現」に関するこの分類と共通の基盤上にあると言える。張麟声（1991）における「様態存在表現」の分類と，それに対応するとされる日本語の表現を以下に記す。

（一）座　る　型　人間を中心とする動物が静的に持続する姿勢を表わす類のもの　　　　　　　（Vi テイル）

（二）垂れる型　物事の姿勢変化及びその変化の結果状態が静的に持続する意を表わす類のもの　　　（Vi テイル）

（三）生える型　自然発生的な意味を有するもの　　　（Vi テイル）

（四）掛ける型　目的語の位置変化を起す意味とその変化が完結した結果が静的に持続する意味を表わす類のもの（Vi テイル／Vt の受身テイル／Vt テアル）

（五）刺繍する型　人工生産的意味を有する類のもの

（Vt 受身テイル　Vt テアル）

（六）か ぶ る 型　自帰的な意味を有する類のもの（ヲ　Vt テイル）

（七）ただよう型　動作・行為の（無意志的）自動詞　（Vi テイル）

　なお，張麟声（2008）では，「様態存在表現」が「形態を重視する立場（p.29）」から「複合存在表現」に変更されている。これに対応して，本稿では，「単純形式（アル，イル）」「複合形式（Vテイル，Vテアル）」という用語を用いることにする[3]。

　野村（2003）は，シテイル形式の意味として「存在様態」を認め，「存在様態性を明瞭に表すシテイル文は存在文の一種である（p.3）」と述べている。野村（2003）はシテイル形式の意味として，①存在様態，②動作継続，③結果状態，④完了，⑤単純状態，の5つを挙げ，それらが「存在文」「動詞文」「形容詞文」の3つの文種類を三角形の頂点とする「トライアングルの内部に小さく凝縮して収まっている（p.3）」として次の図1のように相互の関係を示している。

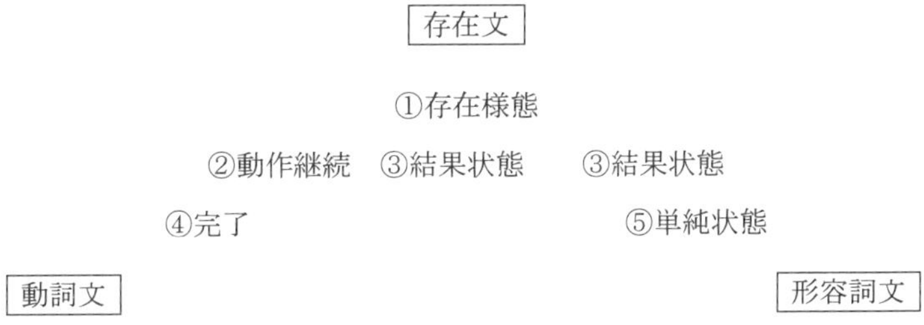

存在文

①存在様態

②動作継続　　③結果状態　　③結果状態

④完了　　　　　　　　　⑤単純状態

動詞文　　　　　　　　　　　　　　形容詞文

図1　野村（2003）における「シテイル形式の意味」

3　本稿で「様態」という用語を避けたのは，「家に客が来ている」「玄関に荷物が置いてある」等のように，「Vテイル」「Vテアル」が様態を具体的に描写しているとは言えない用法が存在するからである。

ここでの野村（2003）の関心は,「存在文」と「存在様態（シテイル）」との間の連続性, あるいは,「存在様態」と「結果継続」等との間の連続性の記述・解明に重きが置かれているように思われる[4]。それに対して, 本稿の関心は, 相互に類義的な関係にある存在表現としての「Vテイル」「Vテアル」「アル」「イル」が実際の言語使用の中でいかに使い分けられているのかを観察し, そのような使い分けが行われる背景に何があるのかを明らかにすることにある。実際の言語使用の中に現れる類義表現間の微細な差異へ関心を向けることは, 言語記述における「実用性」にとって不可欠と考えるからである。

　ここで取り上げた張麟声（1990, 1991, 1992, 2008）, 野村（2003）は, いずれも「Vテイル」や「Vテアル」などの表現に着目して日本語の存在表現を論じているが, これらの形式が「アル」「イル」とどのように使い分けられているのかには言及していない。「アル」「イル」と「Vテイル」の使い分けの問題にはじめて直接言及したのは, 陳（2009）である。

　陳（2009）は, 日本語と中国語との対照研究および第二言語習得研究の観点からこの問題を考察すると同時に, 日本語内部の問題として,「ある／いる」と「結果の状態のテイル」に「類義表現」としての側面を認めることの教育的有効性を指摘している。

　陳（2009）を承け, 庵（2010）, 稲垣（2013）, 西坂・稲垣（2016）は, 陳（2009）の考察に対して対照研究および第二言語習得研究の観点からの検討を加えている。

　また, 佐藤（2017）は, 陳（2009）が日本語内部の問題として提起した「ある／いる」と「結果の状態のテイル」の間の類義性の問題に

4　野村（2003：p. 4）に「本稿の目的は両者（筆者注：ここでは結果状態と存在様態を指す）を区分けすることではなく, その連続性を指摘することに傾く」とある。

対して，「知覚されていない過程が言語化されることを可能にする諸要因 (p. 9)」という観点から考察を深めている。陳 (2009) と佐藤 (2017) の論考は，本稿での考察に直接関わるので，第 3 章および第 4 章での具体的な考察の中で詳しく取り上げることにする。

第3章　非情物の存在

3.1　はじめに

　本章では,「ある場所に物（非情物）が存在する」という事態を表す文の動詞の形式の使い分けについて考察する。

　「ある場所に物（非情物）が存在する」という事態を表す文では,「Vテイル」「Vテアル」「アル」などの動詞の形式の使用が可能である[1]。次の（1）では, これらの形式のいずれを使用しても, 同一の状態を表すことが可能である。

　　　(1)　茨の囲いの入口を入ると, 右側に第一夫人, 左側に第二夫人の小屋が｛建っている／建ててある／ある｝。両方の小屋の中から女, 子供たちが出迎えた。　　　OB5X_00078

　（1）のように, 3つの動詞の形式の間に互換性が認められる場合がある一方, 以下に示すように, 動詞のそれぞれの形式の間で許容度に差が生じる場合がある。次の（2）では,「Vテアル」は問題がないが,「アル」の許容度は明確に低下し,「Vテイル」の許容度にも揺れが生じるように感じられる。

　　　(2)　岡本（1971）は4, 5, 6歳に対して図4のような4条件の弁別訓練と転移実験を行い, 図形認知における意味知覚の問題を検討している。弁別訓練とは, 図4のA条件を例にとれば, 大小の□のペアのどちらか一方を「当たり」として, 連続5回「当たり」の反応がでるまで訓練することである。「当たり」の報酬としてその□の下におはじきが｛入れてある／?入っている／*ある｝。連続5回「当たり」であれば子どもは□の

1　状況によってはいずれかの形式が使用できない場合もある。

大小を何らかの意味で弁別したとみなす。弁別訓練の後すぐに，転移検査ペア（A条件の場合〇のペア）を見せて，どちらかを選んでもらう。これを 4 回行い，4 回とも正しい方を選んだ子どもを転移成功者とした。　　　　　PB33_00002

また，次の（3）は，「ニシン蕎麦」について説明している文であるが，ここでも「アル」の許容度が低下する。

(3) ニシン蕎麦といえば熱いのが常識だが，意外や冷たい蕎麦だった。手打ちのシャッキリした蕎麦の上にニシンが｛のっている／のせてある／^{??}ある｝。京都のニシン蕎麦などに比べて，固めに，辛口に煮上げている。　　　　　LBc5_00006

さらに，次の（4）では，「Vテイル」のみが許容され，他の 2 つの形式は許容されないか，許容度が低下する。

(4) 御堂筋の歩道に一粒，二粒とまだ柔らかいギンナンが｛落ちている／[*]落としてある／^{??}ある｝²。

例文（1）～（4）は，「ある場所に物が存在する」という事態を表す文において，「Vテイル」「Vテアル」「アル」の使用の可否をもたらす何らかの規則が存在し，その規則に基づいてこれらの形式が使い分けられる場合があることを示している。

第 1 章でも触れたように，日本語教育の観点から言えば，物の存在を表現することは重要な表現行為であり，「Vテイル」「Vテアル」「アル」はいずれも基本的な学習項目である。しかし，これらの形式の間の使い分けの要因は，これまでの研究では十分に明らかにされていない。

本章の目的は，物や人の存在を表す文である（a）～（d）のうち，

2　ここでは誰かが意図的にギンナンを歩道に置いた（落とした）という状況は想定しないことにする。

11

「ある場所に物（非情物）が存在する」という事態を表す（a）（c）（d）を考察の対象として，「アル」「Vテイル」「Vテアル」の間の使い分けの要因を明らかにすることである。

> （a） 存在場所ニ　存在物ガ　アル。
> （b） 存在場所ニ　存在物ガ　イル。
> （c） 存在場所ニ　存在物ガ　Vテイル。
> （d） 存在場所ニ　存在物ガ　Vテアル。

3.2　先行研究

「Vテイル」と「アル」「イル」との間の類義性に着目し，特に日本語教育における両者の使い分けの解明の重要性を最初に指摘したのは，陳（2009）である。

陳（2009）は，日本語母語話者と中国語を母語とする日本語学習者の「ある／いる」と「結果の状態のテイル」の使用調査の結果を踏まえ，「移動」を表す動詞の「結果の状態のテイル」を「ある／いる」の「類義表現」として取り扱うことの教育的な有効性を主張している。

陳（2009）の主張は2つの観点から為されている。

第一の観点は，日本語の「結果の状態のテイル」と中国語の「出現文」との差異に起因する中国語を母語とする日本語学習者の「ある／いる」の過剰使用（テイルの非用）に着目した，対照研究および第二言語習得研究の観点からの主張である。

第二の観点は，日本語における「結果の状態のテイル」と「ある／いる」との使い分けという，日本語内部における文法的なふるまいに着目した観点である。

　まず，第一の観点に関して，陳（2009）は，日本語母語話者（J）と台湾人日本語学習者（C）を対象として，提示された場面で用いる日本語発話を記入してもらう質問紙調査を行った。その結果，（ⅰ）J，Cともに「ある／いる」を使用している場面，（ⅱ）J，Cともに「結果の状態のテイル」を使用している場面，そして，（ⅲ）Jが「結果の状態のテイル」を使用するのに対して，Cが「ある／いる」を使用している場面，の3つのパターンがあることを明らかにした。

　上記の（ⅰ）は，「駐車場に不審者がいる（停車場有一個可疑的人）」「（冷蔵庫に）ケーキがある（有蛋糕）」のように，日本語の「ある／いる」と中国語の「有」との間に対応関係が認められる場合である。

　（ⅱ）は，「電気がついている（電灯亮着）」「ドアが開いている（門開着）」のような「ものの状態」を表す場合であり，この場合，日本語の「ている」と中国語の「着」との間に一定の対応関係が認められる。

　それに対して，（ⅲ）は，JとCの日本語使用の状況に差が見られたケースである。（ⅲ）の場面の一部を具体的に見てみよう（pp.7-10）。

（場面①）
　放課後，家に帰ると……
　あなた：「ただいま。（玄関に見たことのない靴がある）」
　お母さん：「（玄関に迎えにきて）お帰り。」
　あなた：「お客さん＿＿＿＿＿＿＿」
　お母さん：「うん，お父さんの友達よ。」

（場面②）
　あなたが郵便受けをのぞいたら，お母さん宛の手紙が一通……。
　あなたはそれを持ってお母さんに声をかけて……

あなた（お母さんに）:「お母さん，手紙が＿＿＿＿＿＿＿＿」

（場面③）

　　あなたが友達と道を歩いていたら，前に……

　　　　　　　　　　　　　　　　　あ，財布が＿＿＿＿＿＿＿

　　上記の場面①〜③に関する調査結果を見ると，場面①〜③において，
Jでは，「テイル形」を使用している割合が，① 87.6%，② 95.2%，
③ 98.1%と，大半を占めている。それに対して，Cの「テイル形」
使用率は，① 3.3%，② 2.5%，③ 13.6%ときわめて低く，使用され
た表現形式に幅はあるものの「いる／いた／ある／あった」の使用率
が① 50.0%，② 73.3%，③ 33.9%と，それぞれの場面の中で最も高
い値を示した。
　　陳（2009）は，上記の場面①〜③のように，JとCとの間で使用傾
向が異なった場面には2つの特徴があるとしている。
　　1つめの特徴は，これらの場面で日本語で用いられる動詞はいずれ
も「来る」「落ちる」のように「移動」を表す動詞であるという点である。
　　2つめの特徴は，当該場面は，「家裡来了客人」「信箱裡来了信」「地
上掉了一個銭包」のように，いずれも中国語の構文から言えば「出現
あるいは消失」を表す「隠現文」で表現できるという点である。
　　2つめの特徴に関して，陳（2009）は，ここでの「隠現文」がいず
れも「出現」を表す「出現文」であり「人や事物の「出現」の事象が
結果的に「存在」になると捉えることができる（p. 13）」ために「結

局存在を表す「存在文」で表現（p. 13）」できるようになる。そのために C は，中国語の「存在文」の「有～」に対応する「ある／いる」を使用するのではないかと述べている。このように，陳（2009）は，J が「結果の状態のテイル」を用いるところで，C が「ある／いる」を用いる理由として，こうした C の母語の影響を指摘している。具体的には，「来る」や「落ちる」のような「移動」を表す動詞は，中国語では「隠現文（その中の「出現文」）」を構成する要素となるが，そうした文は「有」を用いる「存在文」で表すことができる。その結果，J が「来ている」「落ちている」と表現するところで，C は「いる／ある」を使用することになる，ということである。

　庵（2010），稲垣（2013），西坂・稲垣（2016）の論考は，陳（2009）の問題提起の第一の観点，すなわち，日本語と中国語の対照研究および第二言語習得研究の側面に対して考察を加え，中国語を母語とする日本語学習者の当該の誤りの原因についてより詳細な記述をしている。ただし，日本語内部の問題としての「アル」「イル」と「V テイル」との使い分けという観点からの記述はされていない。

　次に，陳（2009）が指摘した第二の観点（日本語内部の問題としての「ている」と「ある／いる」の使い分けという観点）について見てみよう。陳（2009）は，日本語内部の問題として，次のような問いを投げかけている。すなわち，「お客さんがいる」と表現できる（中国語では「有客人」で十分である）ところを，「なぜ日本語ではわざわざ「結果の状態のテイル」（筆者注：「お客さんが来ている」を指す）と表現するのだろうか（p. 2）」。さらに陳（2009）は「中国語の「有」の使用場面と比べると，日本語の「ある／いる」は意外に使用場面が限られているようである（p. 14）」としたうえで，「「ある／いる」と「結果の継続のテイル」との使い分けは今後さらに解明しなければならな

い課題（p. 14)」と位置づけて日本語内部の問題としての考察の必要性を指摘している。

　陳（2009）が指摘した「日本語内部の問題」のポイントは次のようにまとめられる。すなわち，日本語の「ある／いる」は，中国語の「有」と比べると，使用場面が限られている。中国語で「有」が使用可能な場面において，日本語では，「来ている」「落ちている」のように，「移動動詞＋ている」が使用される場合がある，ということである。

　佐藤（2017）は，陳（2009）のこうした問題提起を承け，日本語内部の問題として「ある／いる」と「来る」「入る」「出る」のテイル形とタ形のふるまいについて考察している。佐藤（2017）の考察は示唆に富むが，同論文の直接の関心が「アル」「イル」と「Vテイル」の使い分けというよりタ形を含めた「知覚されていない過程が言語化されることを可能にする諸要因（p. 9)」という点にあること，また，考察対象とされた動詞の種類が限定され，しかも，存在物が有情物の場合にほぼ限定されていることから，「アル」「イル」と「Vテイル」の使い分けの全体的な把握という点で十分とは言えない。

　存在を表す「アル」「イル」「Vテイル」「Vテアル」の使い分けの全体像の解明のためには，考察対象を「移動」を表す動詞に限定せず，それ以外にも広げることが必要である。また，本稿は，存在対象の有情性の違いが，「アル」「イル」の使い分けに対してだけではなく，「Vテイル」「Vテアル」を含めた，本稿で考察する動詞の形式全体の使い分けに影響すると考えている。したがって，本稿では，存在対象が非情物の場合と有情物の場合，それぞれについて考察する。佐藤（2017）では，有情物の存在を表す文が主たる考察の対象とされているため，同論考についての詳しい検討は，本稿で有情物の存在について考察する次章（第4章）で行うことにする。

3.3　方法と枠組み

　本節では，本章で用いる用例の収集方法および分析の枠組みについて述べる。

3.3.1　本稿で用いる用例

　第 3 章で用いる用例は主に「現代日本語書き言葉均衡コーパス（BCCWJ）」より検索アプリケーション「中納言」を用いて収集した。ただし，用例が不足する場合は「NINJAL-LWP for TWC」「検索エンジン Google」によって用例を補足した。

　検索条件は，「存在物＋が」の前方に「存在場所＋に」を伴うこと，「アル／アリマス」「アッタ／アリマシタ」「Vテイル／Vテイマス」「Vテイタ／Vテイマシタ」を文末形式とする終止用法であること，とした。はじめに小説の地の文の用例を収集したが，適切な用例が不足する場合があったため小説以外の地の文も検索の対象とした。また会話における「アル」「Vテイル」の選択要因を体系的に解明するためのデータが十分に収集されていないため，会話の中に現れる文は原則として対象としなかった。

　「アル」については 2601 件が上の条件を満たしたが，非情物の存在を表しているとは言えない文を除き，最終的に，3.1 節に示した（ a ）の形式を取る 709 個の文を観察対象とした[3]。

　「Vテイル」については，まず同コーパス（BCCWJ）により，3.1 節

3　排除した表現には，例えば，人の属性や特徴を表す「表情に愛嬌がある／労働者には長所がある」，抽象的概念を表す「方法に問題がある／この言葉に注目する必要がある」，ある種の作用の発生や存在を表す「体に負担がかかっている／天には力がある」，自然や心の変化や状態を表す「湖面にさざなみがたっていた／彼の心に変化が生まれていた／表情に警戒の色が表われている／胸に安堵がひろがっていた」などがある。

に示した（c）の形式で非情物の存在を表していると判断される文に現れる動詞の出現傾向を調べ，それを踏まえて，工藤（1995）の「外的運動動詞＞主体変化動詞＞ものの無意志的な（状態・位置）変化動詞［自動詞］」にリストアップされた動詞，および同リストにはないが，（c）の形式を取って非情物の存在を表す文にしばしば現れている動詞を検索対象とした。具体的には以下の動詞（94語）である。

アク　アタタマル　ウレル　オレル　カタズク　カタマル　カレル　カワク　カワル　キエル　キレル　クサル　クズレル　クダケル　クモル　コワレル　サケル　サメル　シヌ　シボム　シマル　スム　ソマル　ソロウ　タオレル　タダレル　チラカル　チラバル　ツブレル　トケル　トマル　ナオル　ニエル　ニゴル　ヌレル　ハゲル　ハレル　ヒエル　ヒロガル　フケル　フサガル　フトル　ホドケル　マガル　ムクム　ムケル　ヤセル　ヤツレル　ヤブレル　ヨウ　ヨゴレル　ワカレル　ワク　ワレル　アガル　アツマル　アラワレル　ウズマル　ウツル　ウマル　ウマレル　ウワル　オチル　カカル　カクレル　カサナル　カブサル　サガル　タツ　チギレル　ツク　ツナガル　ツモル　デキル　デル　トドク　トレル　ヌケル　ノク　ノル　ハエル　ハゲル　ハサマル　ハズレル　ハナレル　マザル　ヨル　クル　コロガル　シゲル　ナル　ノビル　ミノル　ハイル

　検索の結果，2287件が上述の条件を満たしたが，「アル」の場合と同様，物の存在を表しているとは言えない文を除き，最終的に（c）の形式を取る736個の文を観察対象とした[4]。

────────────
4　注3を参照。

18

例文の末尾に,「現代日本語書き言葉均衡コーパス（BCCWJ）」から
の引用の場合はサンプル ID, 検索エンジンからの場合は URL を記した。
「NINJAL-LWP for TWC」からの場合はその旨を記載した。これらの記
載がない例文は実際の用例に基づいて筆者が作成したものである。

なお,「V テアル」の用例については「V テアル」が関係する 3.4.1.1
節で述べる。

3.3.2　分析の枠組み

非情物の存在を表す「アル」「V テイル」「V テアル」の間の使い分
けには, 2 つの独立した要因が関与している。

第一の要因は,「ある場所に物（非情物）が存在する」という事態
の類型の異なりである。「事態の類型」を決定する要因は, まず「存
在に至る過程」の有無であり,「存在に至る過程」が想定される場合
には, 次に「存在に至る過程」のタイプの異なりが関与する。

（ⅰ）目の前に山がある。

（ⅱ）顔にニキビがある。

（ⅲ）ポストに手紙がある。

（ⅰ）の「山」は, 日常的なレベルでは, 元々そこに存在するもの
として認識される。「山」がその場所に存在するに至った過程（つまり,
山の発生の過程）は, 多くの日常会話において意識されることはない。
それに対して,（ⅱ）の「ニキビ」,（ⅲ）の「手紙」の場合,「存在に
至る過程」の存在は, 容易に想定することができる。すなわち,「ニキビ」
の場合は, 顔面上に「ニキビ」が「発生出現する過程」である。「手紙」
の場合は, 郵便局員により「手紙」が「ポスト」まで「移動する過程」
である。

第二の要因は,「存在物と存在場所との物理的な関係」によって規

定される［存在の典型性］という特徴である。

　（iv）冷蔵庫にかまぼこが｛入っている／入れてある／ある｝。

　（v）ラーメンにかまぼこが｛入っている／入れてある／＊ある｝。

　（iv）と（v）では，「アル」の許容度に大きな違いが見られる。ここには「存在物と存在場所との物理的な関係」が関与している。

3.3.2.1　事態の類型

　本節では，非情物の存在を表す「アル」「Ｖテイル」「Ｖテアル」の間の使い分けに関与する第一の要因である「事態の類型」について述べる。

　「ある場所に物（非情物）が存在する」という事態は，概ね，次の（5）に示す3つの類型に大きく分けることができる。

　　（5）「ある場所に物が存在する」という事態の類型

　　　　①元々その場所に在る

　　　　②その場所で発生出現し，その場所に留まっている

　　　　③他の場所からその場所に移動し，あるいは，外部からその

　　　　　場所に取り付けられ（設置され），その場所に留まっている

　（5）は，「変化」の有無，「移動」の有無，「意志」の介在の有無といった観点から，さらに細かく分類される。

3.3.2.1-（1）　分類

　本節では，（5）に示した「ある場所に物が存在する」という事態の大まかな類型を，「変化」の有無，「移動」の有無，「意志」の介在の有無といった観点から，さらに詳しく分類し，類型化していく。本節で示す「事態の類型」の異なりが「Ｖテイル」「Ｖテアル」「アル」の間に使い分けをもたらす第一の要因となる。

a ． [(＋) 変化] と [(－) 変化]

（5）の①②③は，「変化」の有無という観点から 2 つに分けられる。

次の（6）における「畝傍山」は，日常的なレベルでは，元々，その場所に存在していたものとして認識される。

> （6）遠くに，盆を伏せたような耳成山が，わずかにかすんで見えた。手前には，蝦夷の館のある甘樫丘。その向こうに，畝傍山がある。大和三山。この山々を見て育った。二十年にも満たぬ年月だが，いままでは平穏に過ぎた　　　PB29_00251

それに対して，（7）の「腫瘤」，（8）の「空のグラス」は，「畝傍山」とは異なり，元々，その場所に存在していたのではなく，その場所で発生出現したり，別の場所からその場所に運んで来られたりした結果として，その場所に存在していると捉えられる。

> （7）所属事務所によると，小堺さんは昨年暮れから首に違和感を覚え，検査の結果，首の右側に直径二―三センチの腫瘤が見つかり，左側にも小さな腫瘤があった。二十日に摘出手術をし，二十八日退院した。　　　PN41_00013

> （8）眼鏡をはずして目を凝らすと，来未の右手の横に空のグラスがあった。ぼくに水を引っかけたのだ。　　　PB59_00500

（6）と（7）（8）を「変化」という観点から見ると，（7）（8）の「腫瘤」「グラス」は，「発生出現」や「場所の変化（移動）」という，ある種の「変化」の結果としてその場所に存在していると捉えることができる。一方，（6）の「畝傍山」には，日常的な認識のレベルでは，「発生出現」や「移動」といった「変化」の過程は想定されない。

本稿では，（7）（8）のように，存在物が何らかの「変化」の結果としてその場所に存在していると捉えられる場合を [(＋) 変化]，（6）のように，「変化」を前提とせず存在物が元々その場所に存在してい

ると捉えられる場合を［（−）変化］と表示することにする。

b．［（＋）移動・設置］と［（−）移動・設置］

　上述の［（＋）変化］は，「位置変化（移動）」の有無という観点から2つに分けられる。

b-1　［（＋）移動・設置］

　(9) の「置き手紙」，(10) の「白い布」は，誰かがそれらを「ダイニングテーブルの上」「ソファ」に移動させた結果としてそこに存在していると捉えるのが自然である。

　(9) <u>ダイニングテーブルの上に置き手紙があった。</u>　　LBq9_00059

　(10) 明るい光が射し込む床に，低いソファが置かれていて，今は
　　　<u>そこに白い布がかけてある。</u>あそこにモデルが座っているの
　　　か。―モデルは，海老原僚子だ。宇野が今，僚子の裸体画に
　　　専念していることを，もちろん若菜は知っていた。画架にの
　　　せられたキャンバス。―それにも布がかけてある。

　　　　　　　　　　　　　　　　　　　　　　　　　　　LBh9_00087

次の (11) (12) も同様に捉えることができる。

　(11) 医者が街を歩いていたら，<u>路上に財布が落ちていた</u>。拾おう
　　　か迷ったが，プライドが邪魔して行き過ぎてしまった。そこ
　　　へ，坊主が歩いてきて，おっ，これはラッキーとばかりに袖
　　　の下に入れた。それを振り返って見ていた医者が，おい，そ
　　　れは俺が先に見つけたものだぞ，と抗議した。　　OY15_11379

　(12) ふたりはつぎの小さな教室をつくるために，小一時間かけて
　　　太い材木を切る作業をした。床にはおがくずが散乱していた。
　　　<u>フィルの髪の毛にも，おがくずがついている</u>。ふたりとも，
　　　電動鋸の轟音でまだ耳鳴りがしていた。　　PB39_00779

　(11) の「財布」は，もともと「路上」にあったのではなく，ポケッ

トや鞄の中にあったものが，そこから落下（移動）した結果として「路上」に存在していると捉えるのが自然である。また（12）の「おがくず」も，別の場所から「フィルの髪の毛」に移動し付着した結果としてその場所に存在するに至ったと捉えるのが自然である。

　本稿では，「設置」についても「移動」と同じ範疇に入れて考えたい。なぜなら，「設置」には，存在物自体，あるいは，それを作るための資材などが，存在場所の外部から存在場所へと「移動」されるプロセスが含まれるからである。両者を合わせて「移動・設置」と言うことにする。次の（13）（14）は「移動・設置」の例である。

　　（13）　小田木たちの車は道路に沿って北へ進み，やがて，なだらかな下り坂の先に青緑の湖面が姿を現わした。坂の途中には水道局の貯水池管理事務所などがあり，下りきったところに石の橋が架かっている。多摩湖は奥多摩湖のように湖岸沿いのドライブウェイは敷かれてないので，橋を渡った先でいったん車を停め，斎藤に水際を歩かせてみようと，小田木は考えていた。　　　　　　　　　　　　　　　　　LBd9_00003

　　（14）　ロンダの闘牛場の表玄関前に，二体の闘牛士の銅像が立っている。　　　　　　　　　　　　　　　　　　　　　OY14_20527

　（9）〜（14）における「置き手紙」「白い布」「財布」「おがくず」「石橋」「二体の闘牛士の銅像」はいずれも外部からの「移動」や「設置」の結果として，その場所に存在している，という共通した特徴を持つ。このように，存在物が「移動・設置」の結果としてその場所に存在していると捉えられる場合，［（＋）移動・設置］と表示する。［（＋）移動・設置］は［（＋）変化］に属するから，（9）〜（14）が表す事態は［（＋）変化／（＋）移動・設置］という特徴を持つことになる。

b-2 [(－) 移動・設置] (＝発生出現)

　(15) の「腫瘍」, (16) の「痣」は, 「発生出現」という「変化」の結果としてその場所に存在している。

　　(15) ＣＴの結果からも, 明らかに腎盂内に腫瘍がある。腎盂内の
　　　　尿からはがん細胞は見つからなかったが, 良性である可能性
　　　　はきわめて低い。速やかな手術を行い, 右腎臓を摘出する必
　　　　要がある。　　　　　　　　　　　　　　　　LBr9_00153

　　(16) 実は加恵子の方が, 傷はよほどひどかった。顔だけでも, 目
　　　　の回りや口の横の痣は, さっきよりも色濃くなり, ほとんど
　　　　真っ黒に見える程だし, 眼球の充血はひどく, 輪郭も変わっ
　　　　て見える。保冷パックを差し出す腕にも, 無数の痣がついて
　　　　いた。　　　　　　　　　　　　　　　　　　Br9_00091

　「腫瘍」「痣」はそれらが存在している「腎盂内」「腕」において「発生出現」したのであって, 別の場所から「移動」した結果として存在しているのではない。本稿では, この特徴を捉えて「発生出現」を [(－) 移動・設置] と表示する。また, 「発生出現」は [(＋) 変化] に属するから, (15) (16) が表す事態は [(＋) 変化／(－) 移動・設置] という特徴を持つことになる。

c. [(＋) 意志] と [(－) 意志]

　次に再掲する (9) (10) (11) (12) はいずれも [(＋) 変化／(＋) 移動・設置] である。別の場所からの何らかの「移動」を経て, その場所に存在していると捉えられるからである。

　　(9) ダイニングテーブルの上に置き手紙があった。　　　(再掲)
　　(10) 明るい光が射し込む床に, 低いソファが置かれていて, 今は
　　　　そこに白い布がかけてある。　　　　　　　　　(一部再掲)
　　(11) 路上に財布が落ちていた。　　　　　　　　　　(一部再掲)

（12）フィルの髪の毛にも，おがくずがついている。　（一部再掲）

ところが，（9）（10）と（11）（12）との間には「移動」の仕方に違いがある。

（9）（10）の場合の「移動」は，人が意志的に「置き手紙」「白い布」を「ダイニングテーブル」「ソファ」に移動させたものであり，当該の「移動」には，人の「意志」が介在している。

それに対して，（11）（12）の場合の「移動」には，「意志」の介在がないと考えるのが自然である。すなわち，（11）の「財布」は，財布の持主の意志とは無関係にポケットなどから落下した結果であり，（12）の「おがくず」は，何かの拍子に「フィル」の意志とは無関係に「髪の毛」に付着したと考えるのが自然だからである。

（9）（10）のように，存在物の移動に人の「意志」が介在している場合，［（＋）意志］と表す。したがって，（9）（10）が表す事態は［（＋）変化／（＋）移動・設置／（＋）意志］という特徴を持つことになる。

一方，（11）（12）のように，存在物の移動に人の「意志」が介在していない場合，［（－）意志］と表す。したがって，（11）（12）が表す事態は［（＋）変化／（＋）移動・設置／（－）意志］という特徴を持つことになる。

3.3.2.1-（2）　「事態の類型」のまとめ

3.3.2.1-（1）節では，「ある場所にある物が存在する」という事態の類型化を行った。そこで示した「事態の類型」の異なりが「Vテイル」「Vテアル」「アル」の間の使い分けに直接作用することになる。「事態の類型の異なり」に起因する「Vテイル」「Vテアル」「アル」の使い分けを図示したものが図1である。

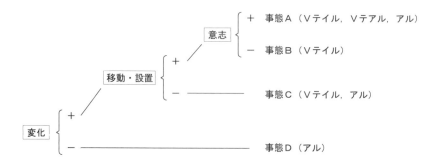

図1　ある場所に物（非情物）が存在するという事態の類型

　議論の見通しのために，予め図の右端に結論の概要を示しておく。
事態Aでは原則として「アル」「Vテイル」「Vテアル」が使用可能で
ある。事態Bでは「Vテイル」が使用される。事態Cでは「アル」「V
テイル」が使用可能である。事態Dでは「アル」の使用が基本となる。
　「事態の類型」に起因する動詞の形式の具体的な使い分けについて
は，3.4.1節で述べる。

3.3.2.1-（補説）「状態変化」をめぐって

　3.3.2.1-(1) の b-2 において，[（＋）変化／（−）移動・設置／（−）
意志］という事態の類型を「発生出現」とした。しかし，[（＋）変化
／（−）移動・設置／（−）意志］には「状態変化」という事態も想
定される。これまで「状態変化」を取り上げなかったのは，「状態変
化」の結果を表す「Vテイル」が，一般に，物が存在する場所を表す
ニ格名詞句を伴って物の存在を表す存在表現を作らないからである。
次の（17）〜（19）における「腐っている」「冷めている」「焦げている」
はそれぞれ「牛乳」「カレー」「芋」の「状態変化」の結果の状態を表
しているが，存在場所を表すニ格名詞句と共起することができない。

(17) 冷蔵庫 ｛の／*に｝牛乳が腐っている。

(18) 鍋 ｛の／*に｝カレーが冷めている。

(19) 鍋 ｛の／*に｝芋が焦げている。

　これは「状態変化」の表現が，存在の表現というより，対象の変化の側面に重点の置かれた表現であるためと考えられる。

　「状態変化」とは，一般に，ある物が既に存在していることを前提として，それがある状態から別の状態に変化する事態を指す。例えば，(17) は，「冷蔵庫」に「牛乳」が存在していることが前提としてあり，その「(もともと腐っていなかった) 牛乳」が，腐った状態に「状態変化」した結果の状態の継続を表している。(18)も同様に，「鍋」に「カレー」があることを前提として，「(もともと温かかった) カレー」が温かくない状態に変化した結果の状態の継続を表している。また (19) は「鍋」に「(もともと焦げていなかった) 芋」があることを前提として，その「芋」が，焦げていない状態から焦げた状態に変化した結果の状態の継続を表している。つまり，これらの文は，ある場所に「牛乳」「カレー」「芋」が既に存在していることを前提として，その存在が前提されている対象の状態変化を述べているのである。そのため，〈ある場所に「牛乳」「カレー」「芋」が「存在」している〉という「存在」の側面には，情報としての価値が乏しく，物が存在することを伝えようとする存在表現との親和性が低い。「状態変化」という事態が，対象の存在する場所を表すニ格名詞句を伴って対象の「存在」を表す存在表現となじまないのは，こうした背景があるからであると考えられる。

　それに対して，「発生出現」の類型の「V テイル」は，常に，存在の場所を表すニ格名詞句を伴い，「ある場所に物が存在する」ことを表す表現として成立する。

（20）腕に痣がついている。

　これは「発生出現」という「変化」が，もともと存在していなかった物（ここでは「痣」）が，その場所（「腕」）に新たに存在するようになるという「変化」であるためと考えられる。「発生出現」は，いわば無から有への「変化」であるから，「状態変化」の場合とは異なり，物の存在が前提とされていない。そのため，「発生出現」という事態を表す文においては，発生出現という「変化」とともに，その変化の結果として新たに出現した物の「存在」にも情報としての価値が生じる。（20）のように，「発生出現」が，「状態変化」とは異なり，ニ格名詞句を伴って「ある場所に物が存在する」ことを表す文として成立する背景にはこのような事情があると考えられる。

　しかし，「状態変化」を表す「Ｖテイル」が，物の存在する場所を表すニ格名詞句と共起する場合がある。野村（2003:p. 4）には次の例文が挙げられている。

（21）お腹がすいただろう。鍋にイモが煮えているよ。

　「煮えている」は，「芋」が状態変化した結果の状態を表しているが，それが存在する「鍋」は，ニ格によって表示されている。また筆者自身は，次の（22）に対してもほとんど違和感を感じない。

（22）冷蔵庫にビールが冷えているよ[5]。

　（17）（18）（19）が存在表現として成立しないのは，先述のように，（17）（18）（19）における「腐った牛乳」「冷めたカレー」「焦げた芋」に，それらが「存在」することを敢えて聞き手に伝える情報としての価値がないためと考えられる。それに対して，「冷えたビール」や「煮えた芋」

5　安（2000）では，インフォーマント調査の結果に基づき「冷蔵庫の中にビールが冷えている」に対して「*/?」の判定を付している。

28

には，それらが「存在」することを聞き手に伝える情報としての価値
がある。このことは次のような発話からも裏付けられる。(23)(24)は，
「ビール」「芋」の存在を知らない聞き手に対して，それらの存在を伝
えるための表現として成立する。

　(23)　芋が煮えてるよ。

　(24)　ビールが冷えてるよ。

　それに対して，(25)(26)(27)は，「牛乳」「カレー」「芋」の存在
を伝えるための表現としては成立しない。これらの文が成立するのは，
「牛乳」「カレー」「芋」の存在を予め知っている聞き手に対して，そ
れが「状態変化」したことを伝える場合である。

　(25)　#牛乳が腐ってるよ[6]。

　(26)　#カレーが冷めてるよ。

　(27)　#芋が焦げてるよ。

　本稿では，(21)(22)を，ある種の語用論的な要因が関与すること
によって発生した「状態変化」の特殊な用例と位置づける。そして，
対象の「状態変化」を表す文は，原則として存在の表現としては出現
しない，と考える。したがって，(21)(22)を含む「状態変化」を表
す文については，本稿での考察の対象とはしない。

3.3.2.2　存在の典型性

　3.3.2.1 節では「事態の類型」について述べた。「事態の類型」は
存在表現における動詞の形式の使い分けに関与する第一の要因となる。

6　ここでの#は対象の存在を伝える表現としては成立しないことを表す。また「あ，
　牛乳が腐ってる」「あ，芋が焦げている」のように，話者の眼前に展開する事態につい
　て対象物の存在と様態を同時に叙述する文（眼前描写）と，本節で検討した「状態変化」
　を表す文との関係に関してはさらに考察が必要である。

存在表現における動詞の形式の使い分けの要因には，「事態の類型」のほかに，もう１つの要因がある。それは「存在物と存在場所との物理的な関係」によって規定される［存在の典型性］である。「存在物と存在場所との物理的な関係」が［（−）存在の典型性］という特徴を持つタイプの場合，「アル」の使用が抑制される。

3.3.2.2-（1）　［存在の典型性］の輪郭

　今後の議論の中で明らかにしていく事柄であるが，［（＋）変化／（＋）移動・設置／（＋）意志］の条件を満たす事態では，次の（28）のように，複合形式「Ｖテイル」「Ｖテアル」と単純形式「アル」の使用が可能である。

　　（28）　ａ．冷蔵庫にかまぼこが<u>入っている</u>。

　　　　　　ｂ．冷蔵庫にかまぼこが<u>入れてある</u>。

　　　　　　ｃ．冷蔵庫にかまぼこが<u>ある</u>。

　ところが，次の（29）は，（28）と同様，［（＋）変化／（＋）移動・設置／（＋）意志］の条件を満たしているにもかかわらず，単純形式である「アル」の使用が許容されない。

　　（29）　ａ．ラーメンにかまぼこが<u>入っている</u>。

　　　　　　ｂ．ラーメンにかまぼこが<u>入れてある</u>。

　　　　　　ｃ．＊ラーメンにかまぼこが<u>ある</u>。

　（28）（29）に見られる「アル」のふるまいの違いには，「存在物と存在場所との物理的な関係」の違いが関与している。

　（28）のように，単純形式，複合形式ともに使用が可能になるのは，「存在物が，場所らしい場所（一定の広さをもった水平面や空間）に，目立った特徴的な様態を伴わずに，存在している」ような場合である。存在物がこのように存在している場合を［（＋）存在の典型性］，そう

でない場合を［（－）存在の典型性］と表示することにする。

　［存在の典型性］それ自体を明確に定義することは困難である。しかし，本来，単純形式「アル」の使用が可能であるはずの［（＋）変化／（＋）移動・設置／（＋）意志］という類型の事態であるにもかかわらず「アル」の使用が困難になる場合の原因を，［（－）存在の典型性］という特徴から説明することは可能である。ここでは，［（＋）変化／（＋）移動・設置／（＋）意志］でありながら「アル」の使用が困難になる用例の観察を通して，［（－）存在の典型性］という特徴をもつ用例を類型化して提示する。

3.3.2.2-（2）　［（－）存在の典型性］のタイプの分類

　本節では，「存在物と存在場所との物理的な関係」によって特徴づけられる［（－）存在の典型性］の具体的なタイプを示していく。

　以下の例文（30）〜（43）は，すべて［（＋）変化／（＋）移動・設置／（＋）意志］という類型の事態を表す文である。したがって，「事態の類型」の観点から言えば「アル」の使用が可能なはずである。しかし，ここでは「アル」が許容されない。それは（30）〜（43）がいずれも［（－）存在の典型性］という特性を持つからである。一方，［（－）存在の典型性］は複合形式「Ｖテイル」「Ｖテアル」に対しては影響しないため，「Ｖテイル」「Ｖテアル」は問題なく使用される。

ａ．混入

　「混入」とは，存在物が存在場所に混入して存在物が存在場所と一体化している場合である。（30）では「砂糖」が「コーヒー」に，（31）では「フッ素」が「歯磨き粉」に混入して，存在物が存在場所と一体化している。このような場合，複合形式である「Ｖテイル」「Ｖテアル」は使用できるが，単純形式である「アル」は許容されない。

(30) コーヒーに砂糖が {入っている／入れてある／*ある}。

(31) 虫歯予防ということで歯磨き粉にはフッ素が {入っています
／入れてあります／*あります}。　　　　　　PB29_00328

b．全体と部分

　「全体と部分」とは，存在場所と存在物が，全体と部分の関係をな
し，存在物が全体（存在場所）を構成する 1 つの要素となっている場
合である。(32) では，「かまぼこ」が，完成された「料理」としての
「ラーメン」「うどん」という全体の一部分として，料理を構成する要
素の 1 つになっている。また (33) では，「毛皮」が「靴」という全
体を構成する部分として，製品「靴」を構成する要素の 1 つになって
いる。これらの場合，「アル」は使用できない。

(32) 私は富山の人間なのであれが普通といえば普通です。富山で
はラーメンやうどんにもかまぼこが {入っています／入れて
あります／*あります}。　　　　　　　　　PB19_00719

(33) 早紀は靴を室内ばきに履きかえた。アラスカでパパが買って
きてくれた，エスキモーの靴だそうだ。なめし皮の靴の周りに，
ふわふわの 毛皮が {付いている／付けてある／ ?? ある}[7]。

　　　　　　　　　　　　　　　　　　　　　　LBk9_00142

　先の例文 (3) で「アル」の許容度が下がるのは，(3) における「ニ
シン」が「ニシン蕎麦」という料理を構成する要素の 1 つになってい
るためである。

7　ただし，「この服には {フード／ボタン／ポケット} がある」のように「フード」や
「コート」や「ポケット」の場合は「アル」が使用可能である。それは「フード」「ボ
タン」「ポケット」が単なる部分ではなく，何らかの「機能・役割（風を防いだり服が
開かないよう固定したり物を入れたりする）」を表しているためと考えられる。

c．強い接触

「強い接触」とは，(34) ～ (38) のように，存在物が存在場所に，刺さったり貼り付いたり絡んだり引っかかったりしていることによって，存在物がその場所に留まったり，存在物をその場所から分離しにくくなったりしている場合である。いずれも「アル」は許容されない。

(34) 狭い個室のベットに安蔵は横たわっていた。痩せこけて，からだ中にいろんな管が{刺さっている／刺してある／*ある}。医者が，家族は来ていないのかと看護婦に問う。看護婦が首を振る。医者はひとつ，大きなため息をつき，「午後二時八分，心停止。御臨終です」と，ぼそっとつぶやいた。PB39_00020

(35) 色鮮やかなサラダが運ばれてきた。山羊のチーズや砂糖大根に，シトロンとわさびのドレッシングが {かかっている／かけてある／*ある}。　　　　　　　　　　　　　　LBt9_00225

(36) ウイスキーの樽の中ではペチュニアの花が咲き誇り，ドアにはリボン飾りのついたリースが {かかっている／かけてある／**ある}。そのドアを押したとき，ベルがちりりんと鳴った。
　　　　　　　　　　　　　　　　　　　　　PB49_00137

(37) この窓のまわりにもガムテープが{貼ってあった／*あった}。彼はそれを力ずくで剝がし，網の入ったガラス戸を音を立てて開いた。　　　　　　　　　　　　　LBo9_00132

(38) 「ＵＮ国連」と大書した日産の四輪駆動に乗りこんだ。車輪にはチェーンが {巻いてある／*ある}。エンジンがかかったとたんに，周囲の群衆のなかからざわめきが起き，何百人もが車に押しよせ，行く手をふさいだ。　　8PB42_00257

d．書記

「書記」とは，文字や絵などが書（描）かれたり，ペンキなどが塗

られたりして，平面上に存在する場合である。この場合も一般に「ア
ル」は使用しにくい[8]。

(39) おれたちの家は外壁にちゃんとペンキが{塗ってある／*ある}
んだ。　　　　　　　　　　　　　　　　　　　　LBr9_00141

(40) 目指す店は，すぐに見つけることができた。中国ふうの赤い
看板に，なにやら漢字が{書いてある／*ある}。ＲＡＩＲＡ
ＩＫＥＮと読むのだそうだ。　　　　　　　　　　LBq9_00244

e．表面を広く覆う

「表面を広く覆う」とは，(41)～(43)のように，薄いものが表面
を広く覆っている，または，ある物の全体を薄い物が覆っている場合
である。いずれも「アル」の使用は困難である。

(41) いつのまにか灯台に火がともり，窓の外はまっ暗になってい
た。身体には，あたたかい毛織りの布が{かかっている／か
けてある／*ある}。　　　　　　　　　　　　　PB39_00465

(42) 隣の部屋に入る。そこには夜具が{敷いてある／*ある}。そ
のまま夜具の中に転げ込む。　　　　　　　　　　PB19_00545

(43) すべて庭付きの一軒家，浴室はだいたい共用だったが，さす
がに羊毛の国，浴室の中にまでカーペットが{敷いてある／
*ある}。　　　　　　　　　　　　　　　　　　　LBi0_00015

以上，「存在物と存在場所との物理的な関係」によって特徴づけら
れる[(－)存在の典型性]のタイプを具体的に示した。

非情物の存在を表す「Ｖテイル」「Ｖテアル」「アル」の使い分けは，
基本的には，「事態の類型」の異なりによって発生する。しかし，「事
態の類型」の異なりのレベルでは「アル」が使用可能であっても，当

8　書記の場合，「掲示板に大木の姓名が{書いてあった／あった}」「コップの内側にメ
モリが{書いてある／ある}」「壁に落書きが{書いてある／ある}」のように「アル」
の使用が可能な場合もある。

該の状況が［（−）存在の典型性］という特徴をもつ場合，「アル」の許容度が低下することを示した。ただし，［存在の典型性］は複合形式「Ｖテイル」「Ｖテアル」のふるまいには影響を与えない。［存在の典型性］に起因する動詞の形式の具体的な使い分けについては，3.4.2節で述べる。

3.4　分析の結果

　本節では，前節で示した分析の枠組みに基づいて実際の用例を分析し，「事態の類型」と「存在の典型性」という2つの要因が，非情物の存在を表す「Ｖテイル」「Ｖテアル」「アル」の使い分けに関与していることを検証する。3.4.1節では「事態の類型」の観点からの分析を中心に述べ，続く3.4.2節で「存在の典型性」について再度整理する。

3.4.1　「事態の類型」に起因する使い分け

　本節では「事態の類型」に起因する「Ｖテイル」「Ｖテアル」「アル」の使い分けを中心に考察する[9]。「事態の類型」とは，図1において，A，B，C，Dと表示されている部分である。

3.4.1.1　事態Ａ　［（＋）変化／（＋）移動・設置／（＋）意志］

　本節では，［（＋）変化／（＋）移動・設置］のうち，［（＋）意志］である事態Aについて考察する。事態Aには，ここでの考察対象である「Ｖテイル」「Ｖテアル」「アル」すべての形式が関与する。さらに，事態Aには，「Ｖラレテイル」という形式も現れるが，本稿ではこの

9　ただし，同一の事態の内部での使い分けが問題となる場合もある。その場合は，「事態の類型」に起因する使い分けより下位のレベルでの現象を扱うことになる。

形式について詳しく考察することはできない。ただし，使用頻度に関する議論の中でこの形式にも少し触れることになる。なお，「Ｖテアル」と「Ｖラレテイル」は，事態Aにのみ現れる形式である。

事態Aでは，基本的に，「Ｖテイル」「Ｖテアル」「アル」の３つの形式の使用がいずれも可能である[10]。

次の（44）は，人が「意志」的に「クマの頭骨」を「移動」し「杭の上」に置くという行為の結果として生まれた事態を表している。原文では「Ｖテアル」が使用されているが，「Ｖテイル」「アル」に置き換えても，同一の状態を表現することができる。

(44) 島の片隅で，十五本から二十本の杭を円形に打ちこんだものが見つかった。杭の上にはクマの頭骨が {のっていた／のせてあった／あった}。これらの頭骨は，クマと戦って勝ったことを記念するものだったにちがいない。　　　LB19_00171

事態Aにおける「Ｖテイル」「Ｖテアル」「アル」の間に見られるこうした互換性は，(45)〜(53)の実例からもうかがうことができる。(45)〜(47)，(48)〜(50)，(51)〜(53)では，類似した存在物がそれぞれ「Ｖテイル」「Ｖテアル」「アル」によって表されている。また，形式間の相互の置き換えも可能である[11]。

(45) いまの書斎は南側に大きな窓があって，外には昔から残っている梅の木が植わっています。　　　　　　　　　LBm1_00039

(46) 黒く見えるのは窓ばかりだ。くぼんだ目のように，目玉を抜いたあとの穴のように，どの窓も何か考えこんでいるようだ。あちこちにアーモンドの若木が植えてある。いつもは子供の

10　事態Aでは「Ｖラレテイル」も基本的に使用可能である。

11　本稿で用いる「Ｖテアル」の用例はBCCWJにより検出した「〜ニ〜ガＶテイル」文1864件より出現回数３回以上のＶが使用されている文を抜き出して，そこからさらに物の存在を表している文として抽出された461例の文を基本としている。

かいた絵のような格好をしているのだが，今夜は枝の先が風
にざわめいている。　　　　　　　　　　　　　　LBd9_00133

(47) 鷺宮の壺井家の門をくぐったところに二本のオリーブの木が
あった。これは，栄が五十六歳のとき，香川県知事金子正則
から届けられた苗を植えたものであった。　　　　LBq9_00149

(48) 正面ドアには南京錠がかけられて，雑草おいしげった芝生に
貸しビルかセールの立て札が立っている。　　　　PB19_00216

(49) その日は秋山に近い見玉村の不動院に一泊し，あくる朝は桃
源境に分け入るような心持ちで，目的地の秋山に向かいまし
た。さて，入り口は清水川原という村です。道のかたわらに
丸木の柱を立てて注連縄を張りわたし，中央に，高札が立て
てあります。近寄って見ると，たどたどしい文字で，「ほう
そうのあるむらからきたひとはとはこれよりおくにはいれな
い」と，書いてあります。　　　　　　　　　　　PB49_00287

(50) 日露戦争の戦跡を見学。[戦跡には]「外国人立ち入り禁止」
という日本語の立て札があった。軍港のため，まだ完全に開
放してない。(原文では略されている [戦跡には] を補った)
　　　　　　　　　　　　　　　　　　　　　　　PB43_00122

(51) さらに進むと，楕円形の広い池があり，まわりに木のベンチ
が並んでいた。　　　　　　　　　　　　　　　　PB29_00028

(52) 屋上はテラスになっていて，石を重ねて作ったバーベキュー
用の炉の周囲に椅子が並べてあった。積もっていた雪はとけ，
風がおだやかに吹いている　　　　　　　　　　　PB39_00631

(53) カフェはあきらめたが，とにかくちょっと座りたいと思って
見回すと，隣のアグダルの貯水池の周りにベンチがあった。
　　　　　　　　　　　　　　　　　　　　　　　PB12_00124

以上，事態Aにおける「Vテイル」「Vテアル」「アル」の間に互換性があることを見てきた。しかし，「Vテイル」と「Vテアル」との間には明確な用法上の違いがある。その違いが，事態Aの内部におけるこれら3つの形式間の使い分けを生む場合がある。

3.4.1.1-(1)　事態Aに現れる「Vテイル」「Vテアル」の基本的特徴

　ここでは，事態A内部における形式間の使い分けに関与する，「Vテイル」と「Vテアル」の特徴について，2つ確認しておく。

a．動詞の自他と「Vテイル」「Vテアル」

　事態Aに現れる「Vテイル」は，すべて＜対応する他動詞のペアを持つ有対自動詞（Vi）＞と「テイル」が結合したものである。事態Aの「Viテイル」は，主体の変化（移動・設置）の結果の状態を表す。

　「Viテイル」を構成するViとペアをなすVt（有対他動詞）は，「テアル」と結合して，Vtが表す行為によって変化する客体の変化の結果の状態を表す。その結果，「Viテイル」とそれに対応するVtによって構成される「Vt（有対）テアル」は，一般に，同一事態を表すことになる。

　次の（54）の原文は「Vtテアル」だが，「入れる（Vt）」が「入る（Vi）」というペアを持つため，「Viテイル」への置き換えが可能である。

　　（54）がらんとした部屋の中には冷蔵庫が用意されており，中には
　　　　　数日分の食料が｛入れてある／入っている｝。　　LBt9_00255

　一方，次の（55）では，「置く（Vt）」が対応するViを持たないために「Viテイル」の文は成立しない。

　　（55）筒井さんは新築したばかりで，一流料亭みたいな豪邸に住ん
　　　　　でいた。応接間にはドラムセットとグランドピアノとウッド
　　　　　ベースがあり，ピアノの上にはサックスやクラリネットがお

いてあった。　　　　　　　　　　　　　　　　　　　LBd9_00141

　つまり，事態Aに現れる動詞の形式は，複合形式を構成する動詞に自動詞と他動詞のペアがある場合は，「Vi（有対）テイル」「Vt（有対）テアル」「アル」の3者が使用可能であり，ペアがない場合は，「Vt（有対）テアル」「アル」の2者が使用可能ということである。

b．「Vt テアル」における「意図」

　「Vt テアル」は，「目的をもった意志的な動作を行った結果［日本語記述文法研究会（2009：p.123）］」としての物の状態を表す。

　一方，「Vi テイル」には，意志的な動作の結果としての物の状態を表すケースと，非意志的な変化の結果としての物の状態を表すケースとがある。事態Aにおける「Vt テアル」は専ら意志的な動作を行った結果としての物の状態を表すが，「Vi テイル」もまた意志的な動作を行った結果としての物の状態を表すことができるわけである[12]。次の（49′）は，「Vi テイル」「Vt テアル」のいずれもが，同一の意志的な行為（人が高札を立てたこと）の結果としての物の状態を表している。

　（49′）中央に，高札が｛立っています／立ててあります｝。

　次の（44′）（46′）（52′）の場合も同様である。

　（44′）杭の上にはクマの頭骨が｛のっていた／のせてあった｝。

　（46′）あちこちにアーモンドの若木が｛植わっている／植えてある｝。

　（52′）周囲に椅子が｛並んでいた／並べてあった｝。

つまり，当該事態を単なる出来事として客観的に捉えた場合，「Vi テイル」と「Vt テアル」はいずれも「意志的な動作を行った結果としての物の状態」を表すことができる点で共通している。事態Aでの「Vi

---

12　非意志的な変化の結果としての対象物の状態を表すケースについては，事態B，事態Cで扱う。

テイル」が「Vt テアル」と互換性を持つのはこのためである。

　両者の違いは、「Vt テアル」の場合、意志的行為の結果として発生した状態を表すと同時に、その状態を発生させた行為の「意図」の存在が含意される点である。「Vテイル」には基本的にこうした含意はない。

　「Vテアル」の性質について、金水（2009：p. 279）は、次のように分析している。金水（2009）では、「意志」は「命題内的」「命題外的」「発話現場的」の3つの段階に分けられる。本稿と関係するのは前2者であり、それぞれ「意志性1」「意志性2」とされる。本稿では「意志性1」を「意志」、「意志性2」を「意図」と呼ぶことにする。

　「意志」に関する上記の分類を踏まえ、「シテアル」は次のように分析される。まず「シテアル」に前接する意志動詞が「意志性1」を表し、「意志性2」は語用論的に含意される。そして、「シテアル」のうち、本稿の事態Aにおける「Vテアル」に相当する「A型シテアル」は「意志性2」（＝意図）までを表す、とされる。

　本稿で「Vテアル」が含意するとした「意図」は、金水（2009）における「意志性2」に相当するものである。

　「Vテアル」における「意志」と「意図」の関係を図式的に言えば、事態Aにおける「Vテアル」は「意志的行為の結果としての状態」を表し、しかも、その状態を発生させた行為の「意図」の存在が含意される。一方、事態Aにおける「Vテイル」は「意志的行為の結果としての状態」を表すことができるが、その状態を発生させた行為の「意図」は必ずしも含意されない。「Vテアル」が持つこの特性は、事態A内部における、「Vテアル」「Vテイル」「アル」の使い分けの要因の1つとなる。

3.4.1.1-(2)　事態Ａ内部における使い分け

「Ｖテアル」は行為の意図の存在を含意する。このことに伴って「アル」や「Ｖテイル」との間に使い分けが見られるケースがある。

次の（56）は，話者が「サケを乾燥させる」という行為の意図を状況から推測できる場合，「干してあった」を「あった」に置き換えることが難しい。

(56) オロッチイ人と名づけられた島民たちの小屋の周囲には，サケが｛干してあった／??あった｝。部屋の中央にある炉のまわりで三，四日かかって燻製にした後，戸外の竿の上に並べて天日にさらしていた。　　　　　　　　　LB19_00171

このような現象は，「干す」と同じようにペアとなる自動詞を持たない他動詞とともに使用される「Ｖt（無対）テアル」に常に観察されるわけではない。次の（57）(8)（58）〜（61）では，「グラス」「交通信号」「看板」の存在が「Ｖt（無対）テアル」「アル」で表されているが，どちらが使用された場合も，描写される存在物の在り方に違いは感じられない。

(57) 志織は小さな白い食卓に頬杖を突いて坐っていた。<u>前にグラスと皿が置いてあった</u>。　　　　　　　　　LB19_00269

(8) 眼鏡をはずして目を凝らすと，来未の右手の横に空の<u>グラスがあった</u>。ぼくに水を引っかけたのだ。　　　　　（再掲）

(58) 船だまりと川を結ぶ細い水路の入り口には<u>交通信号が設けてあった</u>。　　　　　　　　　PM51_00812

(59) 商店街を抜けるところで神戸橋を渡るが，ここに<u>交通信号がある</u>。　　　　　　　　　LBm6_00031

(60) 私道の入口に〈山菜料理　あさぎり荘〉の<u>看板が掲げてある</u>。
　　　　　　　　　LBd9_00003

41

(61) 彼女が指さすその先には映画のどでかい<u>看板</u>があった。

PB59_00500

　また，(57)(58)(60) では，「置イテアル」「設ケテアル」「掲ゲテアル」を「アル」に置き換えても同じ状態を表現することが可能である。ところが，(56) の場合，「干シテアル」を「アル」に換えると，「干シテアル」が含意する「乾燥させるためにそこにある」という解釈が排除されてしまう。つまり，(56) の場合，(57)(58)(60) とは異なり，「アル」を用いることによって「Ｖテアル」が含意する「存在」の部分だけを抽出して表現することができないのである。仮に「アル」を用いれば，「Ｖテアル」のＶ（動詞）が持つ特定の意図の意味が維持されず「アル」と「Ｖテアル」の間に文としての意味の差が発生する。

　このように，ある特定の目的・意図をもってその場所に設置（配置）されていることが明らかな物の存在を表す場合（ここでは「干されている物」の存在），「アル」を用いて存在の側面だけを表現することができない場合がある。こうした場合，「乾燥させるために」という解釈を損ねずに対象物の存在を表現しようとすれば，「アル」を用いず「干シテアル」を使用しなければならない。次の (62)(63) にも同様の現象が観察される。

　　(62) あたりには茶の木をかきねがわりにうえた農家が多く，どの
　　　　　庭にもつけ物用のダイコンが {ほしてあった／^{??}あった)}。

LBb9_00118

　　(63) 片桐一家の住んでいた二号棟は，団地の入口のすぐ近くに立っ
　　　　　ていた。ベランダに色とりどりの布団が {干してあった／^{??}
　　　　　あった}。　　　　　　　　　　　　　　　LBa9_00106

　同様のふるまいは，「祀（祭）ル」「生ケル」「飾ル」などの動詞でも観察される。

　次の（64）（65）は，存在場所としての「神棚」「祭壇」と，そこに存在する物としての「お札」「鼎」との関係から，設置（配置）の目的・意図が明らかである[13]。したがって，その目的・意図を損ねることなく「お札」「鼎」の存在を表現する場合，「アル」の使用が抑制され，当該の設置（配置）の目的・意図を含意する「マツッテアル」が使用される。

(64) 3年前，わが家の宗派・天台宗の本山である比叡山延暦寺へいって，永遠の先祖供養をしていただいた。うちには神棚があり，［そこに］お札が｛祀ってある／[?]ある｝。（［そこに］を補った）　　　　　　　　　　　　　　　　　　　　　　　LBg7_00060

(65) その眩しさが数秒続いた後，隆之は目を開けた。すると隆之は，全然違う場所に立っていた。何か祭壇のようなものがあり，そこに先ほどの鼎が｛祭ってある／[?]ある｝。PB29_00753

　また次の（66）〜（69）の場合も同様に，「形を整えて，美しく見えるように」といった特定の目的・意図をもって設置（配置）されていることが明らかであるため，「アル」ではなく，その意図を含意する「生ケル」「飾ル」が使用される。

(66) 窓の前におかれたトレーニング用自転車をのぞけば，こざっぱりしたというか，けっこう品よく整えられた部屋だ。よく片づけられて，家具のほこりも払われ，ていねいに掃除機がかけられていた。きれいな緑の水差しにラッパズイセンが｛生けてある／[?]ある｝。　　　　　　　　　　　　　　　　LBh9_00178

(67) その日，やっとぼくが塾にたどりついたとき，教室のいちばんまえの右はしに，いつも早くきてすわっている山田くんが

---

[13] 存在場所と存在物の関係だけではなくそれ以外の状況も当該行為の意図の推論に対して関与していると思われる。

いなかった。そのかわり，つくえの上には，黒っぽい花びんに，白とむらさきの花が｛いけてあった／[?]あった｝。LB1n_00019

(68) ソフィーはリビングを横切って，母の寝室に行った。サイドテーブルにラッパ水仙が｛飾ってある／[?]ある｝。黄色い花たちは，ソフィーがとおりかかると，うやうやしく頭をたれたように見えた。　　　　　　　　　　　　OB5X_00007

(69) 突然チロル風の服と言われて困ったが，私にはひらめくものがあった。私の住んでいる街には，都内で一軒だけのフォークダンスの衣装専門店があるのだ。すぐ駆けつけたところ，ウィンドウにルーマニアの民族衣装が｛飾ってあった／[?]あった｝。チロルに見えないこともないし，白いレースの帽子がとても可愛い。　　　　　　　　　　　　PM41_00038

以上，ある特定の目的・意図をもってその場所に設置（配置）されていることが明らかな物の存在を表す場合，「アル」を用いて存在の側面だけを表現することができないために「Ｖテアル」を使用しなければならない場合があることを示した。

存在物がその場所に設置（配置）されている理由や目的が文脈上に明示されている場合も，「Ｖテアル」が優先して使用され，「アル」の使用が抑制される傾向が見られる。次の（70）（71）では「アル」の許容度の低下が感じられる。それは，「Ｖテアル」におけるＶの行為の意図が文脈上（下線部）に明示されているためであると考えられる[14]。

(70) 島原の火災の折，<u>門が閉まっていて多数の遊女が逃げ遅れ，焼死したできごとがあったため</u>，柳の下には用水手桶が｛積んである／^{??}ある｝。　　　　　　　　　　　　PB32_00174

14　佐藤（2017：pp. 12-13）に「ある対象がそこに存在する（中略）原因や動機を問う場合」は，「状態の表現」である「いる」は不自然になる，との記述がある。4.2.2.2節で言及する。

(71) 県庁五階にある知事室のドアは常に開け放ち，さらに私のデスクの前には，誰でも私と直に対面できるようにいくつかの椅子が｛置いてあります／^{??} あります｝。ですから，私のところには若い職員の人たちがしょっちゅうやって来ます。

OB4X_00040

　(70) (71) は，「Vt（無対）テアル」の場合であったが，次に再掲する (2) と (72) (73) は「Vt（有対）テアル」の場合である。この場合，「Vi テイル」の許容度には幅が生じるが，(70) (71) 同様，「アル」の許容度が低下する傾向が確認できる¹⁵。「Vテアル」は問題なく使用される。

　(2) 岡本 (1971) は 4, 5, 6 歳に対して図 4 のような 4 条件の弁別訓練と転移実験を行い，図形認知における意味知覚の問題を検討している。弁別訓練とは，図 4 の A 条件を例にとれば，大小の□のペアのどちらか一方を「当たり」として，連続 5 回「当たり」の反応がでるまで訓練することである。「当たり」の報酬としてその□の下におはじきが｛入れてある／[?]入っている／[*]ある｝。連続 5 回「当たり」であれば子どもは□の大小を何らかの意味で弁別したとみなす。弁別訓練の後すぐに，転移検査ペア（A条件の場合○のペア）を見せて，どちらかを選んでもらう。これを 4 回行い，4 回とも正しい方を選んだ子どもを転移成功者とした。　　　　　（再掲）

　(72) 水道の水は，外国人には飲めないから，冷蔵庫の中にはアルコール類を除く罐ジュースやペプシ（コーラ），蒸溜水の瓶が｛入れてあった／入っていた／^{??} あった｝。　　OB1X_00205

15　第 4 章で述べるが，存在物が有情物の場合，このように行為の目的や意図が明示されているとき「イル」ではなく「来テイル」が使用される（4.4.1.1 節）。存在物が非情物の場合はさらに検討の余地がある。

(73) コンビニエンス・ストアだけでなく，スーパー・マーケット
　　 も，会話がなくても商売が成立します。でも別の努力はして
　　 います。郊郊外のスーパー・マーケットの魚売場で感激した
　　 ことがありました。魚を並べた商品ケースのうえに，そのまま
　　 漁網が ｛かぶせてある／^{??}かぶっている／[*]ある｝のです¹⁶。
　　 そして波の音，大漁唄い込みがケースの下のスピーカーから
　　 流れています。ザブーン，ザザザ…ザブーン…エンヤトット，
　　 エンヤトット…その音にあわせて漁網をたぐりあげ，その下
　　 の刺身の盛り合わせをとるのです。漁網の下が古い切り身で
　　 も，去年のサンマの解凍したものでも，<u>ここではトレトレの</u>
　　 <u>新鮮さを演出しているのです</u>。商売の努力に頭が下がりまし
　　 た。　　　　　　　　　　　　　　　　　　　　OB5X_00243

　　以上，存在物を存在に至らしめる行為の意図が，状況的あるいは文
脈的に明瞭な場合，「Vテアル」の使用が促進される傾向があること
を見た。

　　本稿では，「事態の類型」という観点から物の存在を表す「Vテイル」
「Vテアル」「アル」の使い分けを考察しているが，この観点から言え
ば，基本的には，これら3つの形式はいずれも事態Aにおいて使用可
能と言える。しかし，ここでは，「意図」の存在が契機となって事態
A内部において動詞の形式の間に一定の使い分けが発生するケースの
あることを指摘した。

16　ここで「アル」が使用できない第一の原因は［(−)存在の典型性］という特徴にあ
　　る。また，「Vテイル」が使いにくいのは，「カブル」の自動詞用法自体に問題がある
　　可能性もある。

3.4.1.1-（補説）「Ｖテイル」と「Ｖテアル」の使用頻度について

　（44）〜（53）では，事態Aにおける「Ｖテイル」「Ｖテアル」「アル」
の間の互換性，つまり，いずれの形式も使用可能であることを見た。
繰り返しになるが，「事態の類型」という観点から，事態Aでは，（部
分的な使い分けの存在を除き）基本的に，「Ｖテイル」「Ｖテアル」「ア
ル」の使用が可能であるというのが本稿の立場である。

　しかし，「使用可能」であることと「使用頻度」との間に隔たりが
見られる場合がある。仮に，ある2つの言語形式の間に使用頻度の顕
著な隔たりがあったとすれば，当該の言語形式がともに使用可能で
あったとしても，言語記述の実用性の観点から，それは看過できない
問題となる。

　例えば，次の（49′）における「立テテアル」「立ッテイル」の間に
互換性があることは確かである。

　（49′）中央に，高札が｛立ててあります／立っています｝。

　しかし，BCCWJ で「タテテアル」と「タッテイル」の出現頻度を見
ると，両者の間の出現頻度には顕著な差が見られる。調査の詳細は後
述するが，同一の検索条件のもとでの両者の出現件数を見てみると，
「タッテイル」が 169 件であったのに対して，「タテテアル」は 8 件に
過ぎなかった。同様の傾向は，他の自他動詞のペアを持つ「Vi テイル」
「Vt テアル」の間にも見られた。

　ここでは，事態Aにおける「Vt テアル」「Vi テイル」の使用頻度
の実態を調べるために，次の2つの調査を行った。第一は，自他動詞
のペアがある「Vt（有対）テアル」と「Vi（有対）テイル」の出現
件数の調査である（第一調査）。第二は，自他動詞のペアがない「Vt
（無対）テアル」の出現件数の調査である（第二調査）。なお，両調査
とも比較参照のため「Vt ラレテイル」の出現件数についても調べた。

以上の２つの調査の結果に基づき，①自他動詞のペアがある「Vt（有対）テアル」と「Vi（有対）テイル」および「Vt（有対）ラレテイル」の出現件数の比較（第一調査），②対応する「Viテイル」を持つ「Vt（有対）テアル」と，対応する「Viテイル」を持たない「Vt（無対）テアル」との間の出現件数の比較，および「Vt（無対）テアル」と「Vt（無対）ラレテイル」との出現件数の比較（第二調査）を行った。

調査方法の概要は以下のとおりである。

第一調査では，まず，事態Aに現れる，自他の対応を持つ「Vt（有対）テアル」におけるVt（有対他動詞）の中から出現頻度が相対的に高い動詞を抽出した。具体的には次の11語である[17]。

　　カケル　トメル　イレル　ウエル　ナラベル　ノセル　　サス
　　ツケル　タテル　ハサム　ブラサゲル

これらに対応する自動詞は以下の通りである。

　　カカル　トマル　ハイル　ウワル　ナラブ　ノル　ササル　ツク
　　タツ　ハサマル　ブラサガル

これらの動詞を以下の検索条件の中の〈他動詞〉〈自動詞〉の部分に入れて，BCCWJより「中納言」を用いて出現件数を調査した。

「に（格助詞：キーから９語以内）〈名詞（キー）〉が〈他動詞〉てある。」

「に（格助詞：キーから９語以内）〈名詞（キー）〉が〈自動詞〉ている。」

「に（格助詞：キーから９語以内）〈名詞（キー）〉が〈他動詞〉られている。」

17　これらは「〜に〜が（３語以内）動詞テアル）」の条件で５回以上出現した動詞である。ただし，「ブラサゲル」の出現回数は４回であったが，[（−）存在の典型性] の特徴を持つ動詞として意図的に加えた。

　次に，第二調査では，まず，事態 A に現れる，自他の対応を持たない「Vt（無対）テアル」における Vt（無対他動詞）の中から出現頻度が相対的に高い動詞を抽出した。具体的には次の 19 語である[18]。

　　オク　カク（書く）　ハル（貼る／張る）　カザル　カク（描く）
　　シク　ツム（積む）　トリツケル　イケル（生ける）　タテカケル
　　ホス（干す）　ヌル　ホル（彫る）　ハリツケル　フル（振る）
　　カカゲル　モウケル　マツル（祭る／祀る）　ツルス

　これらの動詞について以下の検索条件（上記の検索条件と同じである）で，BCCWJ より「中納言」を用いて出現件数を調査した。

　　「に（格助詞：キーから 9 語以内）〈名詞（キー）〉が〈他動詞〉てある。」

　　「に（格助詞：キーから 9 語以内）〈名詞（キー）〉が〈他動詞〉られている。」

　第一調査，第二調査，いずれにおいても，文末には「V テイル」「V テアル」「V ラレテイル」のほかに「V テイタ／テイマス／テイマシタ」「V テアッタ／テアリマス／テアリマシタ」「V ラレテイタ／ラレテイマス／ラレテイマシタ」を含む。

　また，両調査において，キーの〈名詞〉は，事態 A に出現しうる非情の具体物に限定し，それ以外の名詞は目視によって排除した[19]。

18　「祭る」を除き，いずれも「〜に〜が（3 語以内）動詞テアル）」の条件で 5 回以上出現している。　ただし，物の存在を表しにくい「引く・掻く・取る・使う・押す」などは使用頻度が比較的高くても除外した。「祭る」については特別な行為の意図を含む動詞として加えた。

19　排除した表現は，①「人」「男」「茂嘉」のような有情物，②「{渾名／スポンサー／角度／予測} がついている」「{外資／思想／電源} が入っている」「係が置かれている」「リンクが張られている」「心情が描かれている」のような，具体的な存在物とは見なされない名詞，③「{さざ波／泡} がたっている」「{血／よだれ／火} がついている」「足の指に土がはさまっている」「ひびが入っている」「つららがぶら下がっている」のような，人の意志を介さず移動，あるいは自然発生した事態などである。

それぞれの調査の結果は以下の通りであった。

　まず,第一調査,すなわち,事態Aにおける「Vi（有対）テイル」と「Vt（有対）テアル」,および「Vt（有対）ラレテイル」の出現件数の調査の結果を示したのが,次の表1である。

　表1から,事態Aを表す「Vi（有対）テイル」「Vt（有対）テアル」および「Vt（有対）ラレテイル」では,「Vi（有対）テイル」の出現頻度が顕著に高いことが分かる。具体的には次の通りである。

　「に（格助詞：キーから9語以内）〈名詞（キー）〉が〈複合形式〉」という同一の条件の中で,各形式の出現件数全体に占める割合は「Vi（有対）テイル」が81.3%と顕著に高く,続いて,「Vt（有対）ラレテイル」の12.9%,「Vt（有対）テアル」の5.8%であった。つまり,事態Aにおいて「Viテイル」が使用できる場合,「Viテイル」の使用が顕著に優勢になるということが,少なくともこの調査からは言える[20]。

20　ただし,何らかの形で行為の「意図」が明確である場合は「Vテアル」が優勢になることを3.4.1.1-(2)節で述べた。

表1　第一調査の結果

Ｖi (有対)テイル	件数	Ｖt (有対)テアル	件数	Ｖt (有対)ラレテイル	件数
ツイテイル	278	ツケテアル	6	ツケラレテイル	32
ハイッテイル	300	イレテアル	8	イレラレテイル	4
ナランデイル	162	ナラベテアル	3	ナラベラレテイル	28
タッテイル	169	タテテアル	8	タテラレテイル	29
カカッテイル	95	カケテアル	21	カケラレテイル	37
ノッテイル	68	ノセテアル	8	ノセラレテイル	9
トマッテイル	42	トメテアル	8	トメラレテイル	4
ブラサガッテイル	20	ブラサゲテアル	3	ブラサゲラレテイル	0
ウワッテイル	10	ウエテアル	10	ウエラレテイル	31
ササッテイル	9	サシテアル	3	ササレテイル	4
ハサマッテイル	3	ハサンデアル	4	ハサマレテイル	6

　次に，対応する自動詞のペアを持たない「Ｖt（無対）テアル」について調査した第二調査の結果を示したのが，次のページの表2である。

　事態Ａにおいて「Ｖテイル」に現れる動詞は，他動詞のペアを持つ自動詞に限られるが，「Ｖテアル」の動詞は自動詞のペアを持たない無対の他動詞の場合もある。第二調査の対象はそうした動詞が使用されている場合，つまり，「Ｖt（無対）テアル」である。

　第一調査では，自動詞のペアを持つ他動詞によって構成される「Ｖt（有対）テアル」の使用頻度の低さが顕著であったのに対して，第二調査では，自動詞のペアを持たない他動詞によって構成される「Ｖt（無対）テアル」の使用頻度は，第一調査の場合と比較すると，相対的にかなり高くなっていることが分かる。

表2　第二調査の結果

Vt＋テアル	件数	Vt 受身＋テイル	件数
オイテアル	158	オカレテイル	154
カ(書)イテアル	92	カ(書)カレテイル	127
ハッテアル	51	ハラレテイル	31
カザッテアル	31	カザラレテイル	58
カ(描)イテアル	16	カ(描)カレテイル	136
シイテアル	16	シカレテイル	15
ツンデアル	15	ツマレテイル	13
トリツケテアル	10	トリツケラレテイル	23
イケテアル	9	イケラレテイル	1
タテカケテアル	9	タテカケラレテイル	6
ホシテアル	6	ホサレテイル	2
ヌッテアル	6	ヌラレテイル	12
ホッテアル	6	ホラレテイル	9
マツッテアル	2	マツラレテイル	19
ツルシテアル	1	ツルサレテイル	5
モウケテアル	3	モウケラレテイル	30
フッテアル	7	フラレテイル	4
カカゲテアル	4	カカゲラレテイル	17

　具体的には次の通りである。

　「に（格助詞：キーから9語以内）〈名詞（キー）〉が〈複合形式〉」という同一の条件の中で，「Vt（無対）テアル」「Vt（無対）ラレテイル」の出現件数全体に占める割合は，それぞれ，40.0％と60.0％であった。依然，「Vテアル」の出現頻度は「Vラレテイル」より低いが，第一調査の場合と比べると，両者の差は顕著に縮まっている。特に，「置く」

「張る／貼る」「敷く」「積む」「(花を) 生ける」「立て掛ける」「干す」「(料理にゴマを) 振る」では,「Vテアル」の出現件数が「Vラレテイル」を上回っている。

　以上,事態Aにおける複合形式の使用頻度について観察し,特に,「Vi テイル」が成立する際に使用頻度の偏りが顕著であることを示した[21]。

3.4.1.2　事態B　[(＋) 変化／ (＋) 移動・設置／ (－) 意志]

　本節では,[(＋) 変化／ (＋) 移動・設置] のうち,[移動・設置] のプロセスに対して人の意志が介在しない,つまり,[(－) 意志] である事態Bについて見る。事態Bでは,「Vテイル」の使用が優勢となり,「アル」の使用は抑制される。「Vテアル」は人の意志的行為の結果を表すので,[(－) 意志] である事態Bに対して使用されることはない。したがって,本節で問題となるのは,「Vテイル」と「アル」との間の使い分けである。

　次の (74) (75) (11) が表す事態に対して,話者 (言語主体) は当該の存在物が人の意志を介さずに上方から落下した結果としてその場所に存在していると判断している,と考えるのが自然である。このような場合,「アル」の使用は困難である。

> (74) 御堂筋の銀杏並木は,まだまだ青っぽい。歩道に,一粒,二粒とまだ柔らかいギンナンが落ちている。見上げると,葉っぱの間にギンナンがなっている。　　　　　OY14_14644
>
> (75) 桜が散って,地面に花びらが落ちていました。　OY15_23174

21　「アル」に関しては[(－)存在の典型性]での使用頻度について3.4.2.1-(2) で触れる。「Vラレテイル」を含めた検討は今後の課題である。

(11) 医者が街を歩いていたら，路上に財布が<u>落ちていた</u>。拾おう
か迷ったが，プライドが邪魔して行き過ぎてしまった。そこ
へ，坊主が歩いてきて，おっ，これはラッキーとばかりに袖
の下に入れた。それを振り返って見ていた医者が，おい，そ
れは俺が先に見つけたものだぞ，と抗議した。　　　　（再掲）

　一方，誰かがそこに置いた（意志的動作）と話者が判断していると
考えられる次の（76）では，「アル」が問題なく使用される[22]。

(76) 昨日出勤前に職場から電話がかかってきた。オレの自転車の
前カゴに誰かの財布はないか？　と。確認したら，確かにオ
レの自転車の前カゴに知らない黒い財布が<u>あった</u>。ギョッと
した。なんで？　昨日オレが自転車でコンビニに行った時に
間違えてオレの自転車に財布を入れた人がいるそうだ。

NINJAL-LWP for TWC

　次の（77）は「廊下」に「お銚子や箸」があるのは誰かの意志によ
るものではないと話者が当該の状況を把握しているために「アル」の
使用が抑制され「Vテイル」が使用されていると考えられる。

(77) 遊女の影や芸者の後ろ姿がちらりと見え，煙草入れが無造作
に置かれ，廊下にはお銚子や箸が<u>散らばっている</u>。

LBt2_00092

　次の（78）（12）における「ほこり」「おがくず」も人の意志が介在
しない移動過程を経て当該の場所に存在するに至ったと捉えるのが普
通である。そのため「アル」の使用が抑制され「Vテイル」が使用さ
れている。

22　例文（76）が表す事態は事態Aに属する。

(78) 「… 一平くん，何かあったの？　制服，すごいね」

よく見ると，黒い詰め襟のあちこちに，本来なら床の上にあるべきほこりが<u>ついている</u>。

「いろいろあってな」

「喧嘩したの？」

「とっくみあいの喧嘩できるほど上等な相手，そうはおらんに」

「一平くん」

咎めるような口調で，名前を呼ばれた。舞は，一平がちょくちょく校外で喧嘩をすることは知らない。　　　　LB19_00148

(12) ふたりはつぎの小さな教室をつくるために，小一時間かけて太い材木を切る作業をした。床にはおがくずが散乱していた。フィルの髪の毛にも，おがくずが<u>ついている</u>。ふたりとも，電動鋸の轟音でまだ耳鳴りがしていた。　　　　　　（再掲）

　次の（79）〜（81）は，「血」「口紅」「泥」がある場所に付着して存在している状況である。付着は物がある場所から別の場所に移動する過程を含む。また，その過程に人の意志は介在しない。そのため，「アル」の使用が抑制され，「Vテイル」が使用されていると考えることができる。

(79) 藤岡さんは，だれかと喧嘩をしたようなようすだった。髪が乱れて，右頬がはれている。

「奈須さん…」

ベンチに近づいたあたしは，ハッとした。藤岡さんは，右手で，左手の甲をおさえてる。おさえた右手に血が<u>ついている</u>。

「さ，早くきて」

先生が言ったが，藤岡さんは首を振って立ちあがった。

「いいんです。本当にだいじょうぶですから」　　LBd9_00172

55

(80) あのとき，放心している水島の横で，千春は今と同じように煙草を揉み消したのだった。由里子の病室から脱け出して入った，連込みホテルの一室だった。長い煙草が折れ，吸い口には薄いベージュの口紅が<u>ついていた</u>。
「後悔してるんでしょう」
腹這いになって煙草に火をつけながら，千春はそう言ったのだった。
「寝なければよかったと思ってるんでしょう。ねえ，はっきり言いなさいよ」
千春の声を聞きながら，水島はまだ放心の中にいた。

LBi9_00196

(81) 黒塗りの大型乗用車が坂を上がってきたのは十二時まえだった。男が三人乗っていた。ガラスが曇っていてリアシートはよく見えなかった。品川ナンバーだ。降りてきた男に見覚えはなかった。前から降りてきたふたりは作業服で，足下に作業用のブーツをはいていた。服，靴のどちらにも泥が<u>ついている</u>。運転していた男が後のドアを開けた。頭のうすくなった太った男が降りてきた。

LBo9_00119

　以上，事態Bの用例をみてきた。ここで取り上げた (74)(75)(11)(77)(78)(12)(79)(80)(81) は，それらの文の表す「事態の類型」が [(＋)変化／(＋)移動・設置／(－)意志] であることに起因して，いずれの場合も「アル」の使用が抑制され「Ｖテイル」が使用されている，と考えられる。

　ただし，(78)(12)(79)(80)(81) における「アル」の許容度の低下に対しては，別の説明も可能である。

　ここで述べたように，(78)(12)(79)(80)(81) で「アル」を使

用できない理由を［（＋）変化／（＋）移動・設置／（－）意志］という「事態の類型」に求めることは可能である。しかし同時に（78）（12）（79）（80）（81）は，「アル」の使用を抑制する［（－）存在の典型性］の特徴を有する。すなわち「付着」である。「付着」は［（－）存在の典型性］の「強い接触」タイプと考えることができる。（78）（12）（79）（80）（81）における「アル」の許容度低下の理由が「事態の類型」の異なりにあるのか［（－）存在の典型性］という特徴にあるのかを判断する根拠を今は持っていない。しかし，事態Bという「事態の類型」も，［（－）存在の典型性］という特徴も，ともに「アル」の使用を抑制する方向に作用するため両者の間に矛盾は生じない。本稿では，現段階では，（78）（12）（79）（80）（81）に対して「事態の類型」に起因する要因と［（－）存在の典型性］に起因する要因が同時に作用し「アル」の使用を強く抑制する結果を生んでいると捉えておきたい。

　ここまで，事態Bでは「アル」の使用が抑制され「Vテイル」が用いられることを見てきた。ところが，次の（82）（83）は，「事態の類型」としては事態Bに分類されるが，「アル」の使用が許容される。

　（82）〈刑事が現場にいる警官に無線で犯行現場の状況を尋ねている〉
　　　　刑事：現場の路上に何かありませんか？
　　　　警官：ああ，現場の路上には女物の財布が<u>ありますね</u>。おそらく被害者の物だと思われます。

また，次のような状況でも「アル」の使用が可能である。

　（83）〈教室に入ったとき，教室の床に財布を発見して，一言〉
　　　　あ，こんなところに財布が<u>ある</u>。

　いずれの場合も「落チテイル」の使用も可能だが，「アル」も全く問題なく使用できる。（82）（83）に共通するのは，発話の目的が，対象物の存在の表明にある点である。（82）は「刑事」の「何かありま

せんか」という問いかけに対する答えとして財布の存在を述べている文である。(83) は「こんなところに」という表現からわかるように通常 [財布があるはずがない (＝信念)] 場所にその信念に反して財布が存在していることを述べる文である。このように，対象物の存在に対して関心を向けさせる何らかの前提 (上例では「問いかけ」や「信念」) がある場合，事態Bであっても「アル」は出現する。

　では，これまで見たような，「アル」の使用が抑制される事態Bの文は (82) (83) とどのような点で異なるのであろうか。

　(74) (75) (11) (77) は，(82) (83) のような，対象物の存在に関心を向けさせる問いかけや信念といった前提を伴わず話者の眼前の状態をそのまま描写した文である[23]。眼前描写文を典型とするこうした文[24]において，表現される対象が事態Bとしての在りようで存在する場合，「アル」の使用が抑制される。

　ただし，事態Bにおいて「アル」の使用が抑制されるのが常に眼前描写文においてというわけではない。次の (84) (85) の「Vテイル」が表す事態は，話者の眼前に展開する事態ではない (つまり，眼前描写ではない) が，「Vテイル」を「アル」に置き換えることは難しい。

　(84) 私はトラックの運転手です。長時間の運転をするので，靴を
　　　サンダルなど通気性のいい履物に履き替えて運転するのです
　　　が，その際，ステップに靴を置いたのを忘れて走ってしまう
　　　事もあるのです。そうすると，走行中に靴を紛失してしまい

23　ただし，(11) は，話者自身による眼前描写ではなく，登場人物「医者」の目から捉えた眼前の描写表現である。

24　ここでの眼前描写文は仁田 (2016) において「発話時，眼前という時空に生起・存在している一時的な在りようを，目に映ったまま写し取った文であり，文全体が新情報を伝えているもの」と特徴づけられる「現象描写文」のうち対象物の存在を描写している文に相当する。

ます。現場について靴が無い…ってこともしばしばあります。よく道に軍手が<u>落ちている</u>のも同じような理由かと思われます。　　　　　　　　　　　　　　　　　　　　　　　OC06_06438

(85) この辺りはビワ農家が多く，初夏の頃には車道によくビワが<u>落ちている</u>。

(84) (85) では，特定の場所に特定の物が落下し，それがそこに存在しているという事態がしばしば発生することによって，「Ｖテイル（落チテイル）」の使用が慣習化し，「アル」の使用が抑制されていると考えられる。このような場合，眼前の事態の描写ではなくても，対象物が事態Ｂとしての在りようで存在するならば，「アル」の使用は抑制される。

また (78) (12) (79) (80) (81) のように事態が［(－) 存在の典型性］という特徴を有する場合も発話の状況に関わりなく「アル」の使用は抑制される。次の (86) は眼前の描写ではないが，「アル」を用いることはできない。

(86) 佐藤千代は、診療所の横に建つ古い洋館の二階で、敏勝と暮らしていた。当時、看護婦だった宮崎喜美子によれば、《女医にあるまじき不潔さだった》という。洋服にフケがいつでもいっぱい<u>ついていた</u>。無精の爪を伸ばし、垢をためていた。　　　　　　　　　　　　　　　　　　　　　　LBq9_00199

このように，事態Ｂにおいて「アル」の使用が抑制されるのは，典型的には，対象物の存在に関心を向けさせる問いかけや信念といった前提を伴わず話者の眼前の状態をそのまま描写する文，すなわち，眼前描写文の場合であると言える。ただし，当該事態がしばしば発生することなどにより「Ｖテイル」の使用が慣習化していたり，事態が［(－) 存在の典型性］の特徴を有する場合，眼前描写ではなくても，対象物

が事態Bとしての在りようで存在しているなら「アル」の使用が抑制される。

3.4.1.3 事態C [（＋）変化／（－）移動・設置／（－）意志]

　上述の事態A，事態Bは，いずれも［（＋）変化／（＋）移動・設置］であった。本節で取り上げる事態Cは，［（＋）変化］という点で，前節までの事態A，事態Bと共通するが，［（－）移動・設置］という点で事態A，事態Bと対立する。なお，［意志］は，移動や設置という行為に伴って発生する意志であるから，［（－）移動・設置］である事態Cでは，自動的に，［（－）意志］になる。

　［（＋）変化／（－）移動・設置／（－）意志］とは，「発生出現」という事態の在り方である。事態Cでは，常に「アル」および「Vテイル」の使用が可能である。

　次の (87) (88) (89) (15) (90) (91) (16) (92) における「傷」「あざ」「腫瘍」は，別の場所から当該の場所に移動した結果そこに存在しているのではなく，その場所で発生出現し，その後，その場所に留まっている物であるが，(87) (88) (89) (15) では「アル」が，(90) (91) (16) (92) では「Vテイル」が使用されている。

　　(87)「奴らは人間じゃないんだ」

　　　　彼の背中には無数の傷が<u>あった</u>。

　　　　「九九を間違えると剃刀で切られたんだ。それに僕は左の耳が少し遠い。父親に殴られて潰れてしまったんだ。目も物差しで殴られた時に怪我をして視力が落ちてしまった」

　　　　家族は引き籠もった彼を世間の目に触れないようにここへと隔離したのだという。　　　　　　　　　　　PB49_00599

　　(88) 指輪に傷が<u>あった</u>。　　　　　　　　NINJAL-LWP for TWC

(89) 左ひじにあざが<u>ある</u>。けんかでもしたのか。　　OY14_20833

(15) ＣＴの結果からも，明らかに腎盂内に腫瘍が<u>ある</u>。腎盂内の
　　尿からはがん細胞は見つからなかったが，良性である可能性
　　はきわめて低い。速やかな手術を行い，右腎臓を摘出する必
　　要がある。　　　　　　　　　　　　　　　　　　（再掲）

(90) 娘の小指の内側には誰も知らない傷が<u>ついていた</u>。

PB39_00006

(91) 機材をずらすと，化粧と香水の匂いがした。金の髪と白い肌
　　が覗く。スワンソン女史だ。艦体が揺れたときに通路へ転が
　　り出たものか，あるいは外へ逃げ出してこのような状況に
　　陥ったものだろう。アルバトイが手を貸し，女史を引き摺り
　　出した。白い肌のあちらこちらに痣が<u>できている</u>。かなりの
　　内出血をしているようで，痣は赤黒い。　　LBs9_00030

(16) 実は加恵子の方が，傷はよほどひどかった。顔だけでも，目
　　の回りや口の横の痣は，さっきよりも色濃くなり，ほとんど
　　真っ黒に見える程だし，眼球の充血はひどく，輪郭も変わっ
　　て見える。保冷バックを差し出す腕にも，無数の痣が<u>ついて
　　いた</u>。　　　　　　　　　　　　　　　　　　（再掲）

(92) 下の前歯の歯肉に腫瘍が<u>できている</u>。　NINJAL-LWP for TWC

以上,事態C,すなわち［（＋）変化／（－）移動・設置／（－）意志］
の用例を見てきた。事態Cでは，上例のように，「Vテイル」「アル」
ともに使用可能である。

3.4.1.4　事態D［（－）変化］

　ここまで見てきた事態A，事態B，事態Cは，いずれも［（＋）変化］
であったが，本節では,［（－）変化］である事態Dについて検討する。

事態Dでは「アル」の使用が基本となるが，「Ｖテイル」の用例も観察される。

　自然の山や川などの存在を表現するとき，日常的なレベルでは山や川の発生出現の過程を意識することは稀であろう。一般にそれらは元々そこに存在するものとして把握されると考えられる。発生出現の過程が意識されない，自然の山や川などの存在を表現する場合，「アル」の使用が基本となる。

(93) 江戸城の西北に丘状の台地が<u>ある</u>。上野である。昔は忍岡と呼ばれた。この台地の東南麓に続く湿地帯を下谷というのは，上野を対照とした呼称である。西南に不忍池があり，その先に本郷があり，西に谷中，根津がある。　　　　LBq9_00261

(6) 遠くに，盆を伏せたような耳成山が，わずかにかすんで見えた。手前には，蝦夷の館のある甘樫丘。その向こうに，畝傍山が<u>ある</u>。大和三山。この山々を見て育った。二十年にも満たぬ年月だが，いままでは平穏に過ぎた。　　　　　（再掲）

(94) 敵は，油を撒いておいて，そのうえに焼夷弾を落して焼き殺すつもりなのだ。夏目の家の近くに小さな川が<u>ある</u>。そこに飛びこんだ。飛びこんだといっても水深は三十センチほどしかない。焼夷弾が降ってくる。そのたびにまわりが焼ける。やっと橋の下にもぐりこんだ。　　　　LBf9_00017

(95) 人気のない国道がゆるやかにカーブをえがいている。その道から少しはなれた生け垣の後ろに，この陰うつな荒野の景色にいかにもふさわしい小さな湖が<u>ある</u>。遠くからだとはっきりした大きさはわからないが，いちばん幅の広いところでもせいぜい百メートルくらいだろうか。　　　　PB49_00764

ただし，「Vテイル」が使用されている用例も観察される[25]。

(96) 回廊の出口が唐突に開けた。

「おお」

彼女は娘のように両腕を広げて喚声を上げる。澄んだ青空の
もとに，紫色の丘が<u>続いている</u>。陽光を謳歌する林。木洩れ
日がちらちらと光の網を揺らしている。うすむらさきのヒー
スが放つ香りを彼女は胸いっぱいに吸い込む。　PB49_00227

(97) この年，金次郎はすでに足柄一の土地持ちになっていた。小
作人は使っていたが，それでも二人の仕事は果てしなくあっ
た。二人は黙々と春の畑仕事に精を出していた。どこから見
ても若い健康な農村の若夫婦だった。足柄平野の向かい側に
は富士山が<u>そびえていた</u>。まだ残雪を頂に乗せたまま，富士
は働き者の夫婦を見下ろしていた。二人は完全に風景の中に
溶け込んでいた。　　　　　　　　　　　　　　PB11_00082

(98) その日の夕方，絵に描いたような釣り場を見つけた。牧草地
の向こうに石橋があり，感じのいい河畔林の間に川が<u>流れて
いる</u>。川幅三メートル。藻が水中に揺れているのが見え,数ヵ
所で魚紋が広がっている。茂みをかき分けて水際に出，ゆっ
くりとのべ竿を出して，ラインを短くしたテンカラの仕掛け
をつけた。陽が西に傾き，夕暮れの色があたりを包んだ。

LBp2_00004

25　事態A，事態B，事態Cに現れる「Vテイル」の動詞はいずれも何らかの変化の結
果を表す無意志的な主体変化動詞であった。しかし，事態Dの動詞はそれらと性格を
異にするいくつかのタイプが含まれる。事態Dに現れうる動詞とそのテイル形の詳細
については今後の課題としたい。

(99) 近江盆地は，周囲が山地に挟まれて，中心に日本一広い湖が
あるためドーナツ状を呈している。型どおりに説明すれば単
純な構成だが，実感では，小さな箱庭のなかへ無理矢理に水
を注ぎ込んだような理不尽さで巨大な湖が鎮座している。そ
の湖の周囲は，古来から交通の要所であった。北陸，東山（中
山道），東海の東国三道のことごとくが湖に押されて縄をな
うように交錯していた。　　　　　　　　　　　LBf3_00085

次の（100）（101）における，葉の縁の「とげ」，蝶の羽の中央にあ
る「斑点」なども，一般には元々そこに存在するものとして捉えられ
るため「アル」が使用される。

(100) リュウゼツラン科の常緑多年草。葉は根元から叢生（そう
せい）し，長さ一〜二メートル，剣状で肉が厚く，縁にと
げがある。開花　は約六十年に一度という。高さ七〜八メー
トルの花茎を伸ばし，黄緑色の花を円錐状につけて咲き，
結実後枯れる。　　　　　　　　　　　　　　0C08_06212
(101) 羽の色はオスが鮮やかな黄色，メスが青白いようなクリー
ム色で，それぞれの羽の中央部にオレンジ色の斑点がある。
　　　　　　　　　　　　　　　　　　　　　　LBk9_00070

しかし，(100)(101)のような「（元々あるタイプの）斑点」や「とげ」
の場合，本節の（93）(6)（94）〜（99）に見た自然の山や川などと
異なり，終止用法での「Vテイル」の用例は観察されなかった[26]。

以上，事態D，すなわち，［（−）変化］の用例を見てきた。事態D
では「アル」の使用が基本である。「Vテイル」の使用が可能か否かは，

26　非終止用法では次の例があった。「長い葉の横に白い斑点が入っている模様が鷹
の羽に似てる… 0Y13_04200」「なぜ稲の籾にそのようなトゲがはえているのか…
LB16_00007」

存在物によって異なる。自然の山や川や丘などでは，それを表現する「Vテイル」が語彙として存在している。また，「斑点」や「とげ」などのように，その存在を表す適当な動詞が見当たらない場合，「Vテイル」は成立しない。

3.4.2　［存在の典型性］に起因する使い分け

　3.4.1 節では「事態の類型」について考察し，「事態の類型」の異なりが存在表現における動詞の形式の使い分けに対して強く作用していることを確認してきた。

　しかし，すでに 3.3.2.2 節で触れたように，存在表現における動詞の形式の使い分けの要因には，「事態の類型」のほかに，もう 1 つの要因が関与する。［存在の典型性］である。すなわち，ある事態が［（－）存在の典型性］という特徴を持つ場合，「事態の類型」の観点からは「アル」の使用が可能であったとしても，「アル」の使用が抑制される，という現象が起きるのである。この場合，複合形式である「Vテイル」「Vテアル」は，［（－）存在の典型性］という特徴の影響を受けず，「事態の類型」によって規定される使い分けに沿ったふるまいを維持する。具体例を再掲する。次に再掲する（28）が表す事態は事態Aである。したがって，「Vテイル」「Vテアル」「アル」いずれも使用が可能である。

　　（28）ａ．冷蔵庫にかまぼこが入っている。

　　　　　ｂ．冷蔵庫にかまぼこが入れてある。

　　　　　ｃ．冷蔵庫にかまぼこがある。　　　　　　　　　　　　（再掲）

　ところが，次の（29）は，（28）と同様，「事態の類型」という観点からは事態Aの条件を満たしているにもかかわらず，単純形式である「アル」の使用が許容されない。複合形式のふるまいには変化がない。

　　（29）a．ラーメンにかまぼこが入っている。

b．ラーメンにかまぼこが<u>入れてある</u>。

　　　c．*ラーメンにかまぼこが<u>ある</u>。　　　　　　　　（再掲）

　(28) と (29) のふるまいの違いは, (28) における「冷蔵庫（存在場所）」と「かまぼこ（存在物）」との関係が ［（＋）存在の典型性］であるのに対して, (29) における「ラーメン」と「かまぼこ」との関係が ［（−）存在の典型性］という特徴を持つからである。つまり, (29) では「かまぼこ」は「ラーメン」という料理を構成する一要素であり,「ラーメン」と「かまぼこ」の間の関係が「全体と部分」(3.3.2.2-（2）節参照）と捉えられるのである。

　［（−）存在の典型性］の影響が最も顕在化するのは事態Aの場合である。事態Bでは, 先に触れたとおり,「事態の類型」の観点からももともと「アル」が使用できないので, 事態が ［（−）存在の典型性］であったとしても, そのことは表面上は顕在化しない。また, 事態Cと事態Dでは ［（−）存在の典型性］と分類される用例がほとんど検出されなかった。したがって, 以下, 事態Aにおける ［（−）存在の典型性］のケースを中心に記述することになる。

3.4.2.1　事態Aが ［（−）存在の典型性］という特徴を持つケース

　これまで見てきたように事態Aにおいては, 次の (51) のように,「Vテイル」「Vテアル」「アル」いずれの使用も可能である。

　(51) さらに進むと, 楕円形の広い池があり, まわりに木のベンチ
　　　　が {並んでいた／並べてあった／あった}。　　　　（再掲）

ところが, 次に再掲する (34) のように, 存在物と存在場所との関係が ［（−）存在の典型性］という特徴を持つ場合,「アル」の使用が抑制される。

　(34) 狭い個室のベットに安蔵は横たわっていた。痩せこけて, か

らだ中にいろんな管が{刺さっている／刺してある／*ある}。
医者が，家族は来ていないのかと看護婦に問う。看護婦が首
を振る。医者はひとつ，大きなため息をつき，「午後二時八分，
心停止。御臨終です」と，ぼそっとつぶやいた。　　　（再掲）
　[（－）存在の典型性]という特徴を持つ事態Aの用例は，上の（34）
も含めて，すでに3.3.2.2-(2) 節に取り上げたので，ここでは再掲
しないが，本節では，事態Aにおいて，「Vi テイル」と「Vt（有対）
テアル」がともに成立するケースと，「Vt（無対）テアル」のみが成
立するケースとに分けて若干の整理をする。

3.4.2.1-(1)　「Vi テイル」と「Vt（有対）テアル」が成立する場合

　3.3.2.2-(2) 節で取り上げた（30）〜（36）（41），および，次の（102）
〜（105）はいずれも「Vi テイル」と「Vt（有対）テアル」とがと
もに成立するケースである。ただし，[（－）存在の典型性]であるか
ら，「アル」の使用は抑制される。
　（102）彼はそこで若いピアニストがアズナブールとビートルズの
　　　　器楽曲を弾くのを聞きながら，ウィスキー・ソーダばかり
　　　　飲み，気前よくチップを出した。彼の手荷物にはブリュッ
　　　　セルの札が {ついていた／つけてあった／*あった}。

LBd9_00004

　（103）「おじゃまします…」
　　　　僕はおそるおそる，中に入りました。玄関の所に，玉のす
　　　　だれが {かかっていました／かけてありました／^{??}ありま
　　　　した}。ジャラジャラと割って中に入ると，小さなキッチン
　　　　があり，その奥には小さなテーブル，窓際にはベッドが置
　　　　いてありました。

LBf9_00201

（104）ケリーはそっと椅子に近寄った。椅子の背には，T・ジャクソン・ウィンチェスター二世が昨夜寝る前に脱いだジーンズとシャツが{かかっている／かけてある／^{??}ある}。T・ジャクソンの服に染みついたたばことビールの臭いに，ケリーは顔をしかめた。　　　　　　　　　　PB49_00315

（105）金ぴかの鏡ばりの天井は巨大なベッドを映し出し，そのベッドには虎の皮に似せたベロアのベッドカバーが{かかっていた／かけてあった／*あった}。　　　　PB29_00597

　このように，動詞が自動詞と他動詞のペアを持つ場合，［（−）存在の典型性］であっても複合形式である「Vi テイル」「Vt（有対）テアル」はいずれも使用可能である。

　しかし，3.4.1.1−（補説）で示したように，使用頻度という観点から見ると，「Vi テイル」と「Vt（有対）テアル」がともに成立する場合，BCCWJ における出現頻度は「Vi テイル」のほうが顕著に高かった（（30）〜（36）（41）および（102）〜（105）の実際の用例はいれずも「Vi テイル」の形で現れている）。したがって，言語記述の実用性の観点から言えば，［（−）存在の典型性］という特徴を持つ事態Aにおいて，一般に「Vi テイル」が成立するならば「Vt（有対）テアル」も文として成立する場合が多いが，使用頻度の観点から言えば「Vi テイル」のほうがより一般的で，広範に使用されると言っていいかと思われる。

　そのような背景がある中で「Vt（有対）テアル」が使用されるのは，存在物を存在に至らしめる行為の意図が比較的感じられやすい場合である。次の（106）では，存在物を存在に至らしめる行為の意図が文脈上に記されている（波線部）。そのため「Vt（有対）テアル」が使用されている。

(106) たて糸には，あぜ竹が<u>入れてある</u>。<u>あぜ竹は，糸が切れた
時やけばだった時の処置など，糸の整理に役立つ。</u>

LBh7_00063

ここでの「あぜ竹」は「たて糸」の間に挿入され動きにくい状態になっ
ているため，[(－) 存在の典型性] の「強い接触」と考えられる[27] が，
そのようにする理由が明示されているため「Ｖテアル」が使用されて
いる。

次の（107）は，美容室に勤務するスタイリストがあるシャンプー
についての評価を書いたブログからの引用である。ここでは「Vi テ
イル（入ッテイル）」と「Vt（有対）テアル（入レテアル）」が同時
に使われているが，「入ッテイル」が使われているのは当該シャンプー
の成分を説明する文脈においてであり，当該シャンプーの中に「ラウ
リル酸」が混入されている意図はここでは問題とされていない。一方，
「入レテアル」が使用されているのは，「ラウリル酸」が混入されてい
る理由に言及しようとしている文脈においてである。

(107) [シャンプーには] シャンプー解析サイトで最悪と評価され
るラウリル酸が余裕で入ってますし…（笑）（ラウリル酸
が<u>入れてある</u>のには理由があるのですが…）（[シャンプー
には] を補った）

・(https://beauty.hotpepper.jp/slnH000173627/blog/bidA041111159.html)

3.4.2.1-(2) 「Vt（無対）テアル」だけが成立する場合

自動詞と他動詞のペアがある場合，事態Ａでは，「Ｖテイル」「Ｖテ
アル」「アル」の使用が可能であり，[(－) 存在の典型性] の特徴が

27　そのため「アル」への置き換えができない。

ある場合は「アル」の使用が抑制されるが，複合形式「Vテイル」「V
テアル」はともに使用可能であった。前節では，使用頻度の調査に基
づき，「Vテイル」の使用が基本的にはより一般的であろうとの見通
しを述べた。ところが，他動詞が自動詞のペアを持たない場合，「V
テイル」は成立しないから使用可能なのは「Vt（無対）テアル」と「アル」
になる。さらに当該事態が［（－）存在の典型性］の特徴を持つ場合，
「アル」の使用が抑制されるため，結果的に「Vt（無対）テアル」が
使用されることになる[28]。具体的には，3.3.2.2-（2）節に挙げた（37）
〜（40）（42）（43）および次の（108）〜（110）がそれに相当する例
である。

(108) シャワーから出てきたときには気づかなかったが，掌にバン
ドエイドが {貼ってあった／*あった}。　　　　LBo9_00063

(109) 市民は単に「御所」とよぶ。大部分は市民に開放されていて，
白砂青松，芝生にマツがうわっている。道にはしろい玉砂
利が {しいてある／*ある}。　　　　　　　　PB52_00224

(110) 薄いサクッとした煎餅に黄な粉が {振ってあります／*あり
ます}。　　　　　　　　　　　　　　　　　　OY14_05061

3.4.2.2　事態B，事態C，事態Dにおける［（－）存在の典型性］

前節では，［（－）存在の典型性］の問題が最も顕在化する事態Aに
ついて述べた。

一方，事態Bでは，3.4.1.2節で述べたように，「事態の類型」の
観点からもともと「アル」が使用できないので，事態が［（－）存在
の典型性］であったとしても，そのことは表面上は顕在化しなかった。

28　この場合，「Vラレテイル」との対立が問題になるが，これについては別稿に譲りたい。

例えば，次に再掲する（12）（81）において「アル」を使用することができない理由として，事態Bという「事態の類型」に起因する理由と，［（－）存在の典型性］という理由の2つが同時に作用している可能性を指摘した。

(12) ふたりはつぎの小さな教室をつくるために，小一時間かけて太い材木を切る作業をした。床にはおがくずが散乱していた。フィルの髪の毛にも，おがくずが<u>ついている</u>。ふたりとも，電動鋸の轟音でまだ耳鳴りがしていた。　　　　　　　　（再掲）

(81) 黒塗りの大型乗用車が坂を上がってきたのは十二時まえだった。男が三人乗っていた。ガラスが曇っていてリアシートはよく見えなかった。品川ナンバーだ。降りてきた男に見覚えはなかった。前から降りてきたふたりは作業服で，足下に作業用のブーツをはいていた。服，靴のどちらにも泥が<u>ついている</u>。運転していた男が後のドアを開けた。頭のうすくなった太った男が降りてきた。　　　　　　　　　　　（再掲）

事態Cにおける［（－）存在の典型性］の特徴を持つ用例は，本稿での検索条件の下ではBCCWJによって検出することができなかった。「歯石／目ヤニが付いている」などは，事態C（＝発生出現）における「付着」（＝［（－）存在の典型性］）の用例と考えることが可能だと思われるが，NINJAL-LWP for TWC では，［（－）存在の典型性］においては抑制されることが予測される「歯石／目ヤニが<u>ある</u>」の用例も検出された。ただし，現段階では判断材料が不足しているため，ここでは問題点を指摘するに留めたい。

次の（111）は，事態Dにおける［（－）存在の典型性］の特徴を持つ用例である。

(111) グロリアの髪は金髪で，アニタの髪は褐色がかっているが

71

黒の方に近い。アニタにはハンガリーの血が {混っている
／*ある}。源をたどっていけば，モンゴリアンの血が混入
していると彼女は信じている。　　　　　　　　OB1X_00302

　「事態の類型」の観点から言えば，事態Dでは「アル」の使用が予
想されるが，(111) が［(-) 存在の典型性］の特徴を持つ事態であ
るため，「アル」の使用が抑制され，「Vテイル」のみが使用可能となっ
ている。ただし，事態Dにおける［(-) 存在の典型性］の特徴を持
つ用例は，現時点では他に検出されていない[29]。

3.5　本章のまとめ

　本章では，非情物の存在を表す「Vテイル」「アル」「Vテアル」が
どのような要因によって使い分けられているのかを考察した。そして，
当該の使い分けには「事態の類型」の異なりと「存在の典型性」とい
う2つの要因が関与していることを明らかにした。
　まず，当該の使い分けと「事態の類型」の異なりとの関係を示した
のが次の表3である。

表3　「事態の類型」と非情物の存在を表す表現の使い分けの関係

事態の類型		Vテイル	アル	Vテアル
事態A	(+) 変化／(+) 移動・設置／(+) 意志	○	○	○
事態B	(+) 変化／(+) 移動・設置／(-) 意志	○	×	×
事態C	(+) 変化／(-) 移動・設置／(-) 意志	○	○	×
事態D	(-) 変化／(-) 移動・設置／(-) 意志	△	○	×

---

29 「Vラレテイル」を含めれば，事態Dにおける［(-) 存在の典型性］の特徴を持つ
　用例は増えると予想されるが，今後の課題である。

　表中の「〇」は，その左側に示した「事態の類型」において，その動詞の形式が使用可能であることを表している。また「×」は，使用できない，あるいは許容度が低下することを表している。

　事態 D の「V テイル」の欄を「△」としているのは，「V テイル」の表現が語彙的に用意されていないために「V テイル」での表現が成立しない場合があることを示している。

　それぞれの具体的な例文を下に示す。

【事態 A】・湖の畔に小屋が｛建っている／ある／建ててある｝。

　　　　　・冷蔵庫にかまぼこが｛入っている／ある／入れてある｝。

【事態 B】・髪の毛におがくずが｛ついている／*ある｝。

　　　　　・歩道には柔らかいギンナンが｛落ちている／^{??} ある｝。

【事態 C】・腎盂内に腫瘍が｛できている／ある｝。

　　　　　・腕には痣が｛ついている／ある｝。

【事態 D】・家の前に川が｛流れている／ある｝。

　　　　　・羽の中央部に黄色い斑点が｛＿＿＿／ある｝。

　ただし，表 3 で「アル」の使用が「〇（可能）」であっても，当該事態が［（－）存在の典型性］の特徴を有する場合，「アル」は使用できない，あるいは許容度が低下する。

　一方，複合形式は［（－）存在の典型性］の特徴の影響を受けないため，「事態の類型」の観点からそれらの使用が可能な場合，［（－）存在の典型性］の特徴を有する事態であっても使用が可能である。

　これを表 4 にまとめる。その下に具体的な例文を示す。

表 4 ［存在の典型性］と非情物の存在を表す表現の使い分けの関係
（○は，「事態の類型」の観点から使用が可能な場合に限定する）

	複合形式（Vテイル，Vテアル）	単純形式（アル）
［（＋）存在の典型性］	○	○
［（−）存在の典型性］	○	×

［（＋）存在の典型性］・冷蔵庫にかまぼこが入っている。

　　　　　　　　　　　・冷蔵庫にかまぼこが入れてある。

　　　　　　　　　　　・冷蔵庫にかまぼこがある。

［（−）存在の典型性］・ラーメンにかまぼこが入っている。

　　　　　　　　　　　・ラーメンにかまぼこが入れてある。

　　　　　　　　　　　・＊ラーメンにかまぼこが<u>ある</u>。

第4章　有情物の存在

4.1　はじめに

　本章では，「ある場所に有情物が存在する」という事態を表す文の動詞の形式の使い分けについて考察する[1]。

　例文（1）は，中国語を母語とする超級日本語学習者がレストランでお手洗いに立った直後にテーブルに戻ってきて筆者に言った実際の発話である。

　　（1）人がいました。

　お手洗いは使用中だったのであるが，もしそうであれば，日本語母語話者の場合，「人がいました」より「（誰か）入ってました」の使用を好むのではないかと感じられる。

　一方，次の（2）は，朝起きたら自宅のトイレの内側から鍵がかかっているという状況に恐怖を覚えて投稿された「Yahoo! 知恵袋」からの用例である。ここでは，「入っている」ではなく「いる」の方が自然であると感じられる。

　　（2）自宅のトイレに誰かいるようなんですが…　一人暮らしのア
　　　　　パート住まいです

　有情物の存在を表す「Vテイル」と「イル」との間には，非情物における「Vテイル」と「アル」との場合ほど明確ではないにせよ，何らかの使い分けのなされる場合が存在することを例文（1）（2）は示している。本章の目的は，物や人の存在を表す文である（a）〜（d）のうち，「ある場所に人（有情物）が存在する」という事態を表す（b）

1　ここでの有情物は，基本的に人である。ただし，一部の例文に人以外の有情物が含まれる場合があるが，本稿の考察に直接の影響はない。

（c）を考察の対象として，「イル」「Vテイル」の間の使い分けの要因を明らかにすることである。

（a）存在場所ニ　存在物ガ　アル。
（b）存在場所ニ　存在物ガ　<u>イル</u>。
（c）存在場所ニ　存在物ガ　<u>Vテイル</u>。
（d）存在場所ニ　存在物ガ　Vテアル。

4.2　先行研究と問題の所在

　本節では，存在を表す「Vテイル」と「イル」に関する先行研究を概観し，問題点を指摘する[2]。

4.2.1　概要

　「アル」「イル」と「Vテイル」の使い分けの問題に着目した最も初期の論文は，前述のとおり，陳（2009）である。陳（2009）は，日本語母語話者と中国語を母語とする日本語学習者を対象とする「ある／いる」と「結果の状態のテイル」の使用調査の結果を踏まえ，「移動」を表す動詞の「結果の状態のテイル」と「ある／いる」の類義性を指

---

[2]　詳細は 4.3 節で述べるが，4.2 節とも関わる部分があるので，本章で用いる例文について予め少し触れておく。本章では，コーパスから収集したデータとともに，それらの観察に基づいて作成した作例を論証のための例文として用いる。例文の判定の客観性を保つためにアンケートによる判定テストを 23 名の日本語母語話者に対して行った。例文中の（　）内にパーセントが記されている場合，その数字は当該例文を「OK（正しい）」と判定した人の割合を示す。
　　アンケートに用いた例文の判定は，（　）内のアンケートから得られた判定結果に従う。アンケート結果に基づき新たに作成した例文の判定は筆者が行い，？（許容度がやや低い），??（許容度が低い），＊（許容されない）の記号で示す。正しいと判定した例文には記号を付けない。先行研究から引用した例文については先行研究での判定をそのまま記載する。なお，アンケート調査についての詳細は，注 10 を参照されたい。

摘し,「「ある／いる」と「結果の継続のテイル」との使い分けは今後
さらに解明しなければならない課題 (p. 14)」との問題提起をしている。

　陳 (2009) の問題提起を承け, 佐藤 (2017) は,「ある／いる」「し
ている」「した」の選択可能性について「知覚していない過程」の言
語化を可能にする要因という観点から考察している。佐藤 (2017) の
考察の中には本稿のテーマである「イル」と「Ｖテイル」の使い分け
に関する重要な考察が含まれているため, 次節でその概要を示し問題
点を指摘する。

4.2.2　佐藤 (2017)

　佐藤 (2017) は,「知覚していない過程を言語化する」ためには「そ
れを可能にするための要因が働いているはずである」と考え (p. 9),
「状況の理解可能性」「原因の局面への関心」「空間属性の叙述」の 3
つの要因を挙げている。このうち「状況の理解可能性」は,「している」
の選択可能性に関与する「対象の知悉度」と,「した」の選択可能性
に関与する「状況把握の度合い」に分けられているが,「した」は本
稿で扱わないので「状況把握の度合い」を除く「対象の知悉度」「原
因の局面への関心」「空間属性の叙述」について検討する。

4.2.2.1　「対象の知悉度」

　佐藤 (2017) は,「対象の知悉度」が低い場合,「その状態に至る過
程を整合的に推論するのが難しい (p. 10)」ために「知覚していない
過程 (p. 9)」が言語化された表現である「来てる」が使用できなくな
るとしている。次の (3) で「来てる」が使用できないのは,「変な人」
が話者にとって「知悉度が低い」ために「とらえられた状態がよくの
みこめない」からであるとする (p. 10)。

(3) 〈大学のキャンパスの中を歩いていたところ，いかにも怪しげな風貌の見知らぬ男が立っているのを発見。〉

　　　あっ，変な人が {いる／*来てる／*来た[3]}。

［佐藤（2017：p. 10）から引用］

　一方，次の（4）で「来てる」の使用が可能なのは，「安倍首相」が話者にとって「知悉度のある対象」であるため，「とらえられた状態が容易に理解可能」だからと述べている（p. 10）。

(4) 〈自分の通う大学のキャンパスの中を歩いていたところ，首相がＳＰらとともに本部棟の前に立っているのを発見。来訪の予定などは知らなかった。〉

　　　あっ，安倍首相が {いる／来てる／[?]来た}。

［佐藤（2017：p. 10）から引用］

　本稿も，佐藤（2017）が指摘するように，話者が知覚していない移動の過程を言語化するためには，（話者にとって）「とらえられた状態が容易に理解可能(p. 10)」であることが必要であると考える。ただし，どの側面が話者にとって理解可能である必要があるのか，より具体的に記述しなければ説明できない言語現象が存在する。そのため，本稿では，佐藤（2017）の「知悉度」を踏まえたうえで，それを修正した枠組みを提示することになる。

　まず，佐藤（2017）では，「対象の知悉度」が文字通り存在対象である「変な人」や「安倍首相」に対する知悉度を指すのか，それとも，発生している事態全体（＝「とらえられた状態（ｐ．10)」）に対する知悉度を指すのか，明確ではない。

　次の（5）は，存在対象が（3）と同じ「変な人」であるが，「来てる」

───────────

3　佐藤(2017)では「した」も考察対象のため「来た」がある。以下，原文のまま記載する。

の使用に問題がない。

　　(5)〈パジャマ姿で卒業式に参列している人がいるのを，大学職員
　　　　が見つけて〉
　　　　変な人が来てる。

　また(6)は，存在対象が(4)と同じ「安倍首相」であるが，「来てる」
の許容度は低下する。

　　(6)〈学生が自分の所属する大学のサークルの部室に入ると，そ
　　　　こに安倍首相が座っているのを発見。サークルと安倍首相と
　　　　の間には何の関係もない。〉
　　　　^{??}安倍首相が来てる。

　(3)と(5)および(4)と(6)では，それぞれ対象に対する知悉
度が同じであるにもかかわらず「来てる」の許容度に差が生じている。
この事実は，「対象の知悉度」の「対象」を存在対象と解釈した場合，
言語事実を正確に説明できない場合があることを示している。

　そこで，「対象の知悉度」の「対象」を「とらえられた状態(p. 10)」，
つまり展開する事態全体に対する「知悉度」と考えてみると，(4)(6)
の現象については，説明が可能になる。つまり，「安倍首相」が〔大
学の本部棟の前に立っている状態〕を見れば，それが講演や選挙活動
など何らかの業務のためであろうとの解釈が可能であるため「来てる」
の使用が可能になる。一方，「安倍首相」が〔大学のサークルの部室
にいる状態〕は「その状態に至る過程を整合的に推論するのが難しい
(p. 10)」ため「来てる」の許容度が低下する。しかし，「知悉度」を
このように解釈しても，(5)で「来てる」の使用が可能になる理由は
説明できない。なぜなら，〔パジャマ姿で卒業式に参列している状態〕
を「とらえられた状態が容易に理解可能(p. 10)」とは言えないから
である。

本稿では，ここで見てきた現象を統一的に説明するためには，存在主体の行為の意図に着目する必要があると考えている。4. 4. 1. 1 節で詳述する。

4.2.2.2 「原因の局面への関心」

　佐藤（2017）は，「ある対象がそこに存在する（中略）原因や動機を問う場合, 過程の表現のみが自然である (pp. 12-13)」と述べている。

　次の例文（7）は「動機」を問う文である。そのため「過程の表現」である「来た／入った」は自然であるが，「状態の表現」である「いる」は不自然であるとされる。

　　　（7）〈とても優秀な学生が自分のゼミを選んだ動機を知りたい。〉
　　　　　　君，何でウチのゼミに {来た／入った／^{??}いる} の？

　　　　　　　　　　　　　　　　　　　　［佐藤（2017：p. 13）から引用］

　また，次の（8）は動機を"問う"文ではないが，（7）と同様に「いる」が使用できないことが示されている。

　　　（8）言語学を勉強しようと思って，このゼミに {来た／入った／
　　　　　　*いる}。　　　　　　　　　　［佐藤（2017：p. 13）から引用］

　「原因の局面への関心」を表す文において「いる」を使用できないという指摘は重要である。ただ「している」に関する扱いが明確ではない。佐藤（2017）は「している」の「知覚した状態とともにそれに至る過程も合わせて言語化する (p. 7)」という側面を捉えて，「いる（単純状態型）」「する（単純過程型）」に対し「している」を「複合型」としている (p. 7) が，（7）（8）での「している」の扱いに関する明確な記述がない。この点について本稿では，「来テイル」の使用を促進する要因「原因・動機の明示」として，4. 4. 1. 1 節で述べる。

4.2.2.3　「空間属性の叙述」

　佐藤（2017）は，次の（9）の場合「入ってる」が選択されるとしている。

　　（9）〈見知らぬレストランの前をたまたま通りかかったところ，
　　　　　中は多くの客で賑わっている。〉

　　　　たくさん人が｛*入った／入ってる／?いる｝な。

　　　　　　　　　　　　　　　［佐藤（2017:p. 15）から引用］

　佐藤（2017）は，（9）で「問題にされている」のが「そのレストランが店として繁盛しているか否かという属性の問題」であるとしたうえで，「話者の関心が空間の属性にある場合，「いる」は避けられ「入っている」という形で過程が言語化される」と述べている（p. 16）。その背景には，次の（10）のような「存在文のスキーマ」があるとする。

　　（10）存在文のスキーマ：〈場所〉ニ〈対象〉ガ　アル・イル

　　　　　　　　　　　　　　ground　　figure

　　　　　　　　　　　　　　［佐藤（2017:p. 16）から引用］

　そして「ニ格に示される場所名詞句はあくまで ground（地）であり，話者にとっての関心の中心ではない」ため，「話者の関心が空間の属性そのものである場合，（10）の存在文のスキーマは適用しにく」くなる。その結果，「いる」が避けられ「入っている」が使用される，と述べている（p. 16）。一方，次の（11）については「単に物理的な空間としてのレストランにヒトが存在するか否かという問題である。この場合選択されるのは，存在の「いる」であろう（p. 16）」としている。

　　（11）〈見知らぬレストランの前をたまたま通りかかったところ，
　　　　　開店祝いの来賓や関係者らしき人たちが大勢つめかけている。〉

たくさん人が {*入った／?入ってる／いる} な。

［佐藤（2017：p. 15）から引用］

　ここまで，(9)(11) に対する佐藤（2017）の分析を見てきたが，「存在文のスキーマ」では説明できない言語事実が存在する。(9) の「人」を次の (12) のように「客」に置き換えると，状況は (9) と同じであっても，「いる」を問題なく使用することができる。

　(12)〈見知らぬレストランの前をたまたま通りかかったところ，中は多くの客で賑わっている。〉

　　たくさん客がいるな。

　(12) は，(9) と同じように，「レストラン」が繁盛しているという「レストラン」の属性を表現していると解釈することができるが，「いる」の使用が可能である。

　さらに，(11) について，佐藤（2017）は「ヒトが存在するか否か」が問題とされる場合，「存在文のスキーマ」に基づき「いる」が選択されると述べているが，話者の視点を「店内」に移動させれば，「来ている」という「している」形式の使用が問題なくなる。

　(13)〈アルバイトのためにレストランに出勤したバイトの学生が，店に開店祝いの来賓や関係者の人達が大勢いるのを見て〉

　　たくさん人が {いる（56.5％）／来てる（95.7％）／入ってる（13.0％)} な。

　ここで注目すべきは，(13) において「来てる」と「入ってる」の許容度が大きく異なっている点である。いずれも同じ「している」という形なのに「入ってる」のみ許容度が低い。この事実は，(11)(13) で「入ってる」の許容度が低下する原因が，「いる」と「している」という動詞の形式の違いにあるのではなく，「入っている」が持つ語彙的な意味にある可能性を示唆している。ちなみに，店内の人々が(13)

のような来賓ではなく，次の（14）のような飲食客であれば，視点が
店内であっても「入ってる」は使用可能である。

 （14）〈レストランの洗い場でバイトをしている学生が，洗い場か
   ら店内を見て，大勢の人が食事をしているのに気づいて〉
   今日は，たくさん人が{いる（52.2%）／来てる（91.3%）／入っ
   てる（87.0%）}な。

　以上の観察から次のことがわかる。（13）（14）のように視点の問題
を排除すれば，「来ている」は店内の人が飲食客であっても来賓であっ
ても使用可能である。一方，「入っている」は，（14）のように，飲食
客に対しては使用可能であるが，（13）のように，来賓に対しては使
用が抑えられる。本稿では，こうした現象を，佐藤（2017）のように「い
る」と「している」との対立の問題としてではなく，ある特定の場所
と「入っている」などの特定の動詞とが結びついた時に生じる慣用的
な意味の問題として捉える。4.4.1.2節で詳述する。

4.3　方法と枠組み

　本節では，第4章で用いる例文と考察の枠組みについて述べる。

4.3.1　考察の枠組み

　有情物の存在を表す「Vテイル」には，存在主体がどのように存在
しているかを描写するタイプと描写しないタイプとがある。次の（15）
（16）の「Vテイル」は主体がどのように存在しているか（存在の様態）
を描写している。

 （15）近づいてみると，青い葉上にはカタツムリが{這っている／
   いる}。
               OY05_01230

(16) 寝台のそばに医者が {坐っている／いる}。　　　OB4X_00050

　それに対して，次の（17）（18）の「Vテイル」は，主体が移動後その場所に存在していることを表してはいるが，その主体がどのような様態で存在しているかを描写してはいない。

（17) 退き潮の道頓堀川の流れの中に大勢の男女が {おりている／いる}。　　　　　　　　　　　　　　　　　　　LBn9_00206

（18) その夜も母親のところには男が {来ていた／いた}。

　　　　　　　　　　　　　　　　　　　　　　　　LBh9_00201

　「Vテイル」が存在の様態を描写するかしないかは，「Vテイル」と「イル」との使い分けに強く関与する。そこで本稿では，（15）（16）のように主体の存在の様態を描写する「Vテイル」を「I類．様態描写型」，（17）（18）のように主体の存在の様態を描写しない「Vテイル」を「II類．非様態描写型」に分ける[4]。

I類．様態描写型

　I類（様態描写型）には，次のように，主体の「動き（動的様態）」を描写するタイプ（I類-①）と，主体の「姿勢（静的様態）」を描写するタイプ（I類-②）とがある。

I類-① 動き（動的様態）

（15) 近づいてみると，青い葉上にはカタツムリが {這っている／いる}。　　　　　　　　　　　　　　　　　　　　　　（再掲）

（19) 河岸の牧場に闘牛の牛が {遊んでいた／いた}。

　　　　　　　　　　　　　　　　　　　　　　　　LBb2_00033

4　I類II類の周辺に位置づけられる動詞として「住んでいる（長期的行為），集まっている／溢れている（密集），迫っている（漸次的接近）」などがある。

84

Ⅰ類-② 姿勢（静的様態）

(16) 寝台のそばに医者が｛坐っている／いる｝。 （再掲）

(20) ぴかぴかの自転車のわきに父と母が｛立っている／いる｝。

LBm9_00006

　Ⅰ類の「Ｖテイル」はいずれの場合も発話時点において主体によって継続・維持されている動作や姿勢といった主体の存在の仕方（様態）を描写している点で共通している。Ⅰ類では，(15)(19)(16)(20)のように，「Ｖテイル」を「イル」に置き換えて同一の状況を叙述することが基本的に常に可能である[5]。ただし，「Ｖテイル」を用いた場合は，専ら存在の側面を表す「イル」では表現されない主体の様態が情報として付加される。

　Ⅰ類-①の動詞は主体動作動詞，Ⅰ類-②の動詞は主体の姿勢変化を表す主体変化動詞である。このように，Ⅰ類の中には主体動作動詞と主体変化動詞とが混在している。この点については，次に見るⅡ類の動詞と併せて，後述する。

Ⅱ類．非様態描写型

　Ⅱ類（非様態描写型）の動詞はすべて主体の位置変化を表す主体変化動詞であるが，本稿ではこれをさらに「Ⅱ類-① ある基準となる場所の［上／下］［内／外］に移動した結果の存続」と「Ⅱ類-② 話し手の領域に近接移動した結果の存続」の2つに分ける。両者の違いが「イル」と「Ｖテイル」の使い分けのあり方に違いをもたらすからである。

5　「床に子供が｛寝転がっている／^{??}いる｝」のように「イル」が使用しにくい例がある（張麟声先生の助言による）。場所と存在主体の関係の意味的検討が必要だが，今後の課題としたい。

Ⅱ類-① ある基準となる場所の［上／下］［内／外］に移動した結果の存続

(17) 退き潮の道頓堀川の流れの中に大勢の男女が｛おりている／いる｝。 （再掲）

(21) 船客の大部分が甲板に｛出ている／いる｝。　PB49_00007

Ⅱ類-② 話し手の領域に近接移動した結果の存続

(18) その夜も母親のところには男が｛来ていた／いた｝。 （再掲）

(22) 今，僕の学校にはALTの先生が｛来ている／いる｝。

B10_00080

　Ⅱ類−①の（17）は主体が基準点（地面等）より相対的に低い位置（退き潮の道頓堀川の流れの中）に移動した結果その場所に存在していることを表し，（21）は主体が基準点（船室等）の外（甲板）に移動した結果その場所に存在していることを表している。このようにⅡ類-①の動詞は「下リル」「上ガル」「出ル」「入ル」のような上下や内外の移動を表す動詞である[6]。

　それに対してⅡ類-②の（18）（22）の「Ｖテイル（来テイル）」は，存在主体が，ほかの場所から，話し手との物理的心理的距離が近い場所に移動した結果としてその場所に存在することを表すだけであり，Ⅱ類-①のような，基準地点と存在主体との上下，内外という位置関係を表さない。Ⅱ類-②の「Ｖテイル」は「来テイル」に代表される[7]。

6　「進ム」「退ク」のような前後移動を表す動詞が「〜ニ〜ガＶテイル」という文型で主体の存在を表す用例が今回の調査では出現しなかったため今回は考察対象としなかった。

7　「戻ッテ／帰ッテ（キテ）イル」はⅡ類-②に分類されるが，これらの動詞のふるまいには本稿の主題とはレベルの異なる動詞固有の語彙的な意味が関わると予測されるので，今回の考察対象から除外した。

それは，自ら移動可能である有情物が話し手の領域に存在するのは，それが他の領域から話し手の領域に近接移動した結果その場所に存在していると捉えられる場合が多いからである。

　「V テイル」と「イル」との使い分けが発生するのは II 類の場合である。両者の使い分けの例としてこれまで取り上げた (5) (6) (13) (14) の「V テイル」はいずれも II 類に属する。再掲する。

(5)　〈パジャマ姿で卒業式に参列している人がいるのを，大学職員が見つけて〉

　　　変な人が来てる。　　　　　　　　　　　　　　　　　（再掲）

(6)　〈学生が自分の所属する大学のサークルの部室に入ると，そこに安倍首相が座っているのを発見。サークルと安倍首相との間には何の関係もない。〉

　　　?? あっ，安倍首相が来てる。　　　　　　　　　　　　（再掲）

(13)　〈アルバイトのためにレストランに出勤したバイトの学生が，店に開店祝いの来賓や関係者の人達が大勢いるのを見て〉

　　　たくさん人が｛いる（56.5%）／来てる（95.7%）／入ってる（13.0%）｝な。　　　　　　　　　　　　　　　　（再掲）

(14)　〈レストランの洗い場でバイトをしている学生が，洗い場から店内を見て，大勢の人が食事をしているのに気づいて〉

　　　今日は，たくさん人が｛いる（52.2%）／来てる（91.3%）／入ってる（87.0%）｝な。　　　　　　　　　　　　　（再掲）

　ここで I 類，II 類の動詞について説明を補足しておく。II 類の「V テイル」の動詞はすべて主体の位置変化を表す変化動詞である。一方，I 類の「V テイル」の動詞には，主体の動作を表す動作動詞（I 類-①）と主体の姿勢変化を表す変化動詞（I 類-②）が含まれる。主体変化動詞という同一カテゴリーに属する動詞の「V テイル」をこのよ

うにⅠ類とⅡ類とに分けたのは，当該の「Ｖテイル」が変化完了後の主体の様態を描写するかしないかという点を重視するからである。Ⅰ類-②の姿勢変化を表す動詞の「Ｖテイル」は（16）（20）のように姿勢変化後に発生する姿勢を主体が維持している状態（主体の存在の様態）を描写する[8]。

　　（16）寝台のそばに医者が坐っている。　　　　　　　　　（再掲）

　　（20）ぴかぴかの自転車のわきに父と母が立っている。　　（再掲）

　一方，Ⅱ類の位置変化を表す動詞の「Ｖテイル」の場合は，下に再掲する（17）（21）（18）のように位置変化後の主体の存在の様態を描写しない。

　　（17）退き潮の道頓堀川の流れの中に大勢の男女がおりている。

　　　　　　　　　　　　　　　　　　　　　　　　　　　　　（再掲）

　　（21）船客の大部分が甲板に出ている。　　　　　　　　　（再掲）

　　（18）その夜も母親のところには男が来ていた。　　　　　（再掲）

　この違いが「Ｖテイル」と「イル」との使い分けの発生に関与するのである。前述のように「Ｖテイル」と「イル」の使い分けの問題はⅡ類において発生する。したがって，使い分けについて考察する本稿では，「イル」およびⅡ類の「Ｖテイル」が考察の対象となる。

　このように，本章で考察の対象となる動詞（＝Ⅱ類）は，主体の位置の変化（移動）を表す動詞である。ところで，存在主体が有情物である場合の移動とは，存在主体自らの意志による移動である。したがって，第3章で示した「事態の類型」に当てはめて考えれば，本章で考察する事態は，すべて［（＋）変化／（＋）移動／（＋）意志］に分

8　この点で，Ⅰ類‐①の主体動作動詞の「Ｖテイル」が主体の存在と同時にその動きの様態を描写するのと共通する。

類することができる[9]。

　このことから，ここで考察する有情物の存在を表す文の動詞の形式の使い分けは，「事態の類型」の異なりに起因する使い分けではなく，同一の事態の内部において発生する使い分けの問題として位置づけられる。

4.3.2　本章で用いる例文

　本章では，まず「現代日本語書き言葉均衡コーパス（BCCWJ）」より検索アプリケーション「中納言」を用いて，「存在物＋ガ」の前方に「存在場所＋ニ」を伴うこと，「Ｖテイル」を文末形式とする終止用法であることを検索条件として用例を収集した。収集した 5500 余りの用例の中から，ガ格名詞句（存在主体）が有情物である 410 例を抜き出した。

　このうち，前節Ⅱ類に属する用例は 36 例であった。36 例の動詞を見ると，「乗ル（15 例）」「来ル（9 例）」「入ル（5 例）」「戻ル（3 例）」「行ク，下リル，着ク，乗り込ム」が各 1 例であった。このうち「乗ル」の用例のニ格名詞句はほぼすべて乗り物に限定されていた。また「戻ル」の分析には本稿での観点とは異なる要因を考慮に入れる必要があると予測されるため今回の考察対象から除外した（注 7 参照）。それ以外の動詞は用例が少なかった。

　そこで，「来る（Ⅱ類-②）」「入る（Ⅱ類-①）」について，「存在場所＋ニ」と文末形式を指定せずに，再度 BCCWJ より「中納言」を用いて検索にかけた。その結果得られた「有情物ガ来テイル（88 例）」「有

9　ただし，第 3 章における意志の主体である「人」は，文には顕在化することがなかったが，本章における意志の主体となる「人」は，存在の主体として，ガ格を伴って，常に文に顕在化することができる点で両者の間に違いがある。

情物ガ入ッテイル（48例）」合計136個の用例を主たる観察対象とした。これにⅡ類–①の「入る」以外の動詞のテイル形を「中納言」「検索エンジン Yahoo! Japan」によって検索して抽出した用例を加えた。

　さらに，4.2節の注2で既に触れたように，書き言葉コーパスの用例の観察から得られた特徴を踏まえて，日常的な文体を用いた例文を作成した。そして作成した例文の判定の客観性を保つためにアンケートによる判定テストを行った[10]。

4.4　考察

　本節では，Ⅱ類の「Ⅴテイル」の使用を可能にする要因について考察する。この要因には「主体の意図に起因する要因」と「動詞の語彙的意味に起因する要因」とがある。前者については4.4.1節で，後者については4.4.2節で考察する。

4.4.1　主体の意図に起因する要因

　次の（23）は「来テイル」の使用が困難である。

　（23）〈誘拐犯から誘拐された娘の家族への電話〉

　　　　娘は，駅の近くのマンションの一室に {いる／*来ている}。

　例文（23）における「娘」は誘拐されてマンションの一室に連れてこられたのであるから，「娘」がその場所に存在するのは「娘」の意

10　アンケート調査の概要は次のとおりである。①調査協力者：女性18名，男性5名，計23名，②年齢：18〜29歳（9名），30〜65歳（12名），66歳〜（2名）③職業：大学生（5名），大学院生・教員（15名），大学職員（3名）④形式：質問総数49問，多肢選択式。⑤選択肢（判定基準）：OK（正しい），？（少し違和感を感じる），??（比較的明確に違和感を感じる），✕（正しくない）。下に一例を示す。〈外出から帰宅して，カーテンを開けて，自宅の庭を見て，一言（つぶやき）。〉　a. ネズミが来ている。（OK　？　??　✕）b. ネズミがいる。（OK　？　??　✕）

志で移動した結果ではない。この場合「来テイル」は使えない。つまり，ガ格名詞句が（少なくとも）人である場合，「来テイル」が表す移動の結果としての人の存在は，当該人物自身の意志的な移動の結果である必要があることがわかる。

　さらに，次の（24）では，「来テイル」「イル」ともに文は成立するが，両者の間には微妙な意味の違いが感じられる。すなわち，「来テイル」の場合，「大勢の人」は自分の意志で何らかの意図をもって「駅前」に来た結果そこにいると感じられる。それに対して，「イル」の場合はそうした意味合いは感じられない。

　（24）駅前に大勢の人が｛来ている／いる｝。

　人が自らの「意志」で，ある場所に移動する場合，一般に，その場所に移動するための何らかの理由や動機や目的が主体の中にあるはずである。それを本稿では「意図」と呼ぶことにする。

　Ⅱ類に属する「Vテイル」の成立には，こうした「意図」の存在が強く関与する。

　Ⅱ類-②の人の存在を表す「来テイル」にとって，存在主体の「意図」は文成立の条件となる。また，存在主体の「意図」が明確な場合，「来テイル」の使用が優先され，「イル」の使用が抑制される場合がある。4.4.1.1節で詳述する。

　また，Ⅱ類-①の「Vテイル」においても，Ⅱ類-②の場合と同様に，存在主体の「意図」が明確であると捉えられる場合，「Vテイル」の使用が優先され，「イル」の使用が抑制される場合がある。これについては，4.4.1.2節で詳述する。

4.4.1.1 Ⅱ類-②に対する意図の関与
―「主体の意図に対する推測可能性」―

　Ⅱ類-②の「来テイル」が使用可能になるのは，存在主体としての人が「何らかの意図をもってそこに存在している」と，話し手によって想定されうる場合である。これを［主体の意図に対する推測可能性］と呼ぶことにする。

　次の（25）のように，存在主体が「不審者」の場合，「来テイル」は使用しにくい。次の（25）は，陳（2009）に基づく筆者の作例である[11]。

　　（25）家の前に不審者が {いる／??来ている}。

　これは「不審者」という語によって言い表される人物が，語彙的な意味のレベルにおいて，行動の意図の不明な人物であるため，不審者が何らかの意図をもってその場所に存在している（と話者が想定している）と考えることに無理があるからである。つまり，「不審者」の存在に対して，［主体（＝「不審者」）の意図に対する推測可能性］が作用しないため，「来テイル」の許容度が低下するのである。

　次に再掲する（3）では，「来テイル」が使用できないと判定されているが，実は，「来テイル」が使用できないのは，「変な人」が大学に来てその場所に存在していることの意図が話者に分からない場合に限られる。

　　（3）〈大学のキャンパスの中を歩いていたところ，いかにも怪しげな風貌の見知らぬ男が立っているのを発見。〉

　　　　あっ，変な人が {いる／*来てる／*来た}。

　　　　　　　　　　　　　　　　［再掲：佐藤（2017：p. 10）から引用］

11　陳（2009）に「「不審者が来ている」とは言わない（p. 14）」との指摘がある。

　同じ「変な人が来てる」であっても，次に再掲する（5）のように，卒業式への参列という来校の意図が話者にとって自明である場合，「来テイル」の使用に問題はなくなる。

　（5）〈パジャマ姿で卒業式に参列している人がいるのを，大学職員
　　　が見つけて〉

　　　変な人が来てる。　　　　　　　　　　　　　　　　　　（再掲）

　このように［主体の意図に対する推測可能性］の違いにより，同じ「変な人」に対する「来テイル」のふるまいの違いを説明することが可能になる。次に再掲する（4）と（6）の場合も［主体の意図に対する推測可能性］によって統一的な説明が可能になる。

　（4）〈自分の通う大学のキャンパスの中を歩いていたところ，首
　　　相がＳＰらとともに本部棟の前に立っているのを発見。来訪
　　　の予定などは知らなかった。〉

　　　あっ，安倍首相が ｛いる／来てる／ˀ来た｝。

　　　　　　　　　　　　　　　［再掲：佐藤（2017：p. 10）から引用］

　（6）〈学生が自分の所属する大学のサークルの部室に入ると，そ
　　　こに安倍首相が座っているのを発見。サークルと安倍首相と
　　　の間には何の関係もない。〉

　　　˟˟あっ，安倍首相が来てる。　　　　　　　　　　　　　（再掲）

　すなわち，（4）の状況は［主体（安倍首相）の（来校の）意図に対する推測可能性］が高いのに対して，（6）の状況は「安倍首相」の行動の意図を推測することが相対的に困難なのである。

　存在主体の行動の意図に対する話し手の関心の有無が「来テイル」の許容度に影響する場合がある。

　（26）〈整地したばかりの立ち入り禁止のグラウンドの中に人がい
　　　るのをグラウンド整備員が見つけて一言〉

あ，グラウンドに人が｛入っている（95.7％）／いる（78.3％）／来ている（17.4％）｝。まったく，もう…。

(27) 〈すでに閉館した運動施設内のグラウンドを見回っていた警備員がグラウンドの中に不審な人影を見つけて一言（つぶやき）〉

あ，グラウンドに人が｛入っている（82.6％）／いる（100.0％）／ 来ている（8.7％）｝。

（26）（27）の話者の関心は，存在主体の意図に対してではなく，立ち入ることのできないグラウンドの中に人が存在しているという事実に向けられている。例えば，（26）の存在主体がグラウンドで柔軟体操をしていたとすれば，当該主体の意図を推測することは，話し手にとって可能であろう。ところが，（26）の状況において話し手の関心は存在主体の意図が何であるかには向けられず，専ら立ち入ることが禁止されているグラウンド内に人が存在していることに対して向けられている。

このような場合，［主体の意図に対する推測可能性］は作用しない。（26）（27）において「来テイル」の許容度が低下しているのはそのためである。なお，（26）（27）では「来テイル」の許容度が低いのに対して，「入ッテイル」の許容度が高くなっているが，この理由については4.4.2節で改めて考察することにする。

［主体の意図に対する推測可能性］に作用して「来テイル」の使用を促進する要因がある。［原因・動機の明示］である。

［原因・動機の明示］とは，次の（28）（29）の波線部のように，主体が移動してその場所に存在していることの原因や動機が文中に記されている場合を指す。この場合，「イル」よりも「来テイル」の使用が優勢になる。

(28) 労働者の一人が政府を批判するビラをまいたとして，組合の
事務所に警察が {いた（17.4%）／来ていた（100.0%）}。

(29) 〈この動物園は…中略…今日が今年最後の開園日となる〉
今日最後の動物園には，別れをおしんでたくさんの人が {い
た（26.1%）／来ていた（100.0%）}。

　ここで「来テイル」が優勢になるのは，主体の行為についての原因・
動機が明示されることによって主体の意図が明確になり，［主体の意
図に対する推測可能性］がより強く作用するためと考えられる。

4.4.1.2　Ⅱ類-①に対する意図の関与
　　　　―「場所と移動動詞との慣用的な結びつき」―

　人の存在を「イル」ではなく「来テイル」を使って表すことが可能
になるのは，存在主体の意図の推測が可能な場合に限られることを前
節でみた。

　一方，Ⅱ類-①の「Vテイル」は，「来テイル」の場合と異なり，基
準地点と存在主体との上下，内外という位置関係を明示する点で「イ
ル」との差異が明確である。そのため主体の意図が問題にならない場
合であってもⅡ類-①は問題なく使用される。その結果，話者が存在
主体の意図に関心がない（26）（27）のケースでは，「来テイル」の許
容度は低下するが，「入ッテイル」は，「イル」とともに問題なく使用
されるのである（これについての詳細は，4.4.2節で述べる）。

　ところが，Ⅱ類-①の「Vテイル」においても，（28）（29）の「来
テイル（Ⅱ類-②）」の場合と同様，主体の意図が明確であるために「V
テイル」の使用が優勢になり，「イル」の使用が抑制されるケースが
ある。

　次の（30）～（32）では，状況的に存在主体が当該の場所に存在し

ている意図・理由が話者にとって明白である。推論される存在主体の
意図を例文中の【　】の中に記す。

(30) ステージに上がっている【パフォーマンスをしている】のは，
いまどき珍しい壮観なまでの巨軀の女性で，歌はサラ・ヴォーン
が得意とした「ミスティ」だった。　　　　　LBf9_00066

(31) 私は東京でタクシーに乗っていました【移動のためタクシー
を利用している】。その日もひどい交通渋滞で停車すること
が多く，私はうんざりして…。　　　　　　　PB21_00041

(32) 先日，とある全国チェーン店の〇スバーガーのショップに入っ
た時のこと。注文して，商品が来るまでの待ち時間，トイレ
に行こうと思ったら，二つのトイレに人が入っていました【ト
イレを使用している】。で，ちょっとそこから離れたところ
で空くのを待っていて，お一人出てきました。その人はそこ
の店員さんでした。

https://ameblo.jp/wjproducts1/entry-11059171287.html

「Vテイル」を「イル」に換えると，(30′) 〜 (32′) のように，意
図が曖昧になり，当該の文脈においては安定を欠く表現となる。

(30′) ステージにいるのは，いまどき珍しい壮観なまでの巨軀の
女性で，歌はサラ・ヴォーンが得意とした「ミスティ」だった。

(31′) 私は東京でタクシーにいました。その日もひどい交通渋滞
で停車することが多く，私はうんざりして…。

(32′) 先日，とある全国チェーン店の〇スバーガーのショップに
入った時のこと。注文して，商品が来るまでの待ち時間，
トイレに行こうと思ったら，二つのトイレに人がいました。
で，ちょっとそこから離れたところで空くのを待っていて，
お一人出てきました。その人はそこの店員さんでした。

　人が「ステージ」「タクシー」「トイレ」に自らの意志で「上がる」「乗る」「入る」という移動をした場合,「何の目的でその場所に移動して,その場所にいるのか」という存在主体の意図を, 我々は経験的に推論することができる。その結果,「ステージに上がっている【＝パフォーマンスをしている】」,「タクシーに乗っている【＝移動のためにタクシーを利用している】」,「トイレに入っている【＝トイレを使用している】」のように,特定の場所と特定の動詞との結びつきが固定化して,【　】に示した存在主体の意図（特定行為の遂行）の意味が慣用的に引き出されることになる。このように,特定の「Vテイル」が特定の場所（ニ格名詞句）と共起することによって存在主体の意図を表す表現を［場所と移動動詞との慣用的な結びつき］と呼ぶことにする。「イル」にはこうした特定の意図を慣用的に引き出す機能がない。その結果,「Vテイル」と「イル」との間に意味的な役割分担が生じ,【　】に示した意味を表す状況では「Vテイル」の使用が優先されて,「イル」の使用が困難になる傾向が生じる。

　「Vテイル」のこうした慣用的な用法は（30）（31）の「上ガッテイル」「乗ッテイル」のように, Ⅱ類-①の動詞一般に観察されるが, 特に「入ッテイル」で多く見られる。以下に類例を挙げる。上例の場合と同様に【　】に慣用的に引き出される意味を記す。

　　(33) バンドマンの返信が遅い理由：スタジオに入っている【録音
　　　　 等の作業中】・ライブをしている・打ち上げに出ている・二
　　　　 日酔いで死んでいる, というのは言い訳で面倒くさくて後回
　　　　 しにしてるだけです。

　　　　 https://twitter.com/izumi_isme/status/229525541743640577

　　(34) たっぷりとたたえられた湯の中には, 先に身体を洗い終えた
　　　　 エリスが入っている【入浴中】。　　　　　　　　 LBi9_00121

(35) ネパール人が厨房に入っている【調理担当】ようで，安定した味とナンが楽しめます。

(36) そして私にとっては，単に母親が外に出ている【外部に勤務】穴埋めとしてでなく，ひとつの大切な人間関係が作れたという意味で，（後略）。　　　　　　　　　LBg3_00003

　上の（30）〜（36）では，いずれも【　】に記した意味を表す場合，「イル」より「Vテイル」が優勢になると感じられるが，その程度には，表現によって差が観察される場合がある。

　例えば【トイレ使用中】の意味の場合は（37）のように「トイレに入っている」が優勢になり，そうではない場合は（38）のように「トイレにいる」が優勢になることがアンケート結果に表れている。

(37) 〈お腹の調子が悪くなりコンビニに駆け込むも，トイレは使用中。たまらず一言〉

あ〜，人が{入っている（100.0％）／いる（26.1％）}。何てこった！

(38) 〈アパートの一人暮らしの女性が，夕方，アパートに帰ると，トイレから人の気配がする。恐怖を覚え，警察に電話〉

一人暮らしなんですが，帰宅したら，トイレに人が{入っている（21.7％）／いる（100.0％）}みたいなんです。

　このように「トイレに{入っている／いる}」では，両者の意味の分化が相対的に進んでいると言える。

　一方，「レジに{入っている／いる}」では，特定行為【レジでの会計業務】の遂行の場合は，(39)のように，「入ッテイル」とともに「イル」の許容度も比較的高いが，そうではない場合は，(40)のように，「入ッテイル」の許容度が大きく低下する。

(39)〈スーパーの特売日で来店者が多く，レジが込み合っている
ため，店長もレジで会計を担当しているのを，帰社した営業
担当が見つけて一言〉
あ，レジに店長が｛入っている（87.0%）／いる（73.9%）｝。
店長もレジ打てるんだ。

(40)〈普段は事務室にいて，スーパーの店舗には顔を出さない店
長が，レジで何かを探しているのを従業員が見つけ，不審に
思い一言〉
あ，レジに店長が｛入っている（17.4%）／いる（100.0%）｝。
何してるんだろう。

　逆に，「ステージに上がっている」「（乗り物）に乗っている」は，(41)
(42)のように，特定行為の遂行の意味ではなくても使用が可能であ
る。(41)の「女の子」がステージの上にいるのは【パフォーマンス】
のためではない。また(42)の「車掌さん」がバスに乗車しているの
は【乗り物を利用して移動する】ためではない。

(41) メンバーがステージに立つといつの間にか 2，3 才程の女の
子がステージに｛上がっていました／いました｝。

http://www.st-festa.com/mgr.htm

(42) 昭和 40 年代に入り，次第にワンマンバスが増えてきて，い
つ間にか車掌さんの｛乗っている／いる｝バスを見かけなく
なってしまいました。

http://www2s.biglobe.ne.jp/~makoto_w/niigata/machi/16bustop.htm

　しかし，特定行為の遂行の意味の場合は，(30)(31)で見たように，
「上ガッテイル」「乗ッテイル」と比べ「イル」では許容度が低下する
ように感じられる。

(30) ステージに {上がっている／^{??}いる}【パフォーマンスをしている】のは，いまどき珍しい壮観なまでの巨軀の女性で，歌はサラ・ヴォーンが得意とした「ミスティ」だった。

（再掲）

(31) 私は東京でタクシーに {乗っていました／^{??}いました}【移動のためタクシーを利用している】。その日もひどい交通渋滞で停車することが多く，私はうんざりして…。　（再掲）

　さらにもう１つ指摘しておきたい点がある。それは［場所と移動動詞との慣用的結びつき］には２つのタイプがある点である。２つのタイプをそれぞれ「行為型」と「役割型」と呼ぶことにする。

　次に再掲する（32）における「トイレに入っている」は，一般に「特定の意図・目的を持ってトイレに入り，トイレの中でその行為をしている」という意味を含意する。つまり，特定の場所（ここでは「トイレ」と特定の動詞（ここでは「入る」）との組み合わせが，特定の行為の遂行を含意することになる。

(32) 商品が来るまでの待ち時間，トイレに行こうと思ったら，二つのトイレに人が入っていました【トイレを使用している】。

（再掲）

　（32）のように，存在主体が当該場所である特定の行為を遂行することを表す［場所と移動動詞との慣用的結びつき］を「行為型」と呼ぶことにしよう。上で見てきた（30）～（37）（39）はいずれも「行為型」で，主体がその場所で，ある特定の行為を遂行することを表す。

　一方，次に再掲する（14）の「レストランに入っている」は必ずしも特定のある行為を含意しているわけではない。

(14) 〈レストランの洗い場でバイトをしている学生が，洗い場から店内を見て，大勢の人が食事をしているのに気づいて〉

今日は，たくさん人が{いる(52.2%)／来てる(91.3%)／入っ
てる (87.0%)} な。　　　　　　　　　　　　　　　　（再掲）

　例文（14）では，主体が食事中であることが状況として設定されて
しまっているが，「レストランに入っている」という表現が含意する
行為は「食事」でなければならないわけではない。例えば，レストラ
ンで「生演奏を聞く」「読書をする」「インターネットをする」等，「食事」
以外の行為であっても問題はない。ただ当該人物がレストランにとっ
て「客」であればいいのである。このように，存在主体による特定の
行為の遂行ではなく，「客」のような，存在主体の立場や役割を表す［場
所と移動動詞との慣用的結びつき］を，上記の「行為型」に対して，「役
割型」と呼ぶことにする。
　「役割型」は，主に「{飲食店／会場／観客席…}ニ［存在主体］ガ入ッ
テイル」という形をとり，存在主体に対して「客／参加者／観客」といっ
た役割が付与される。次に再掲する(13)において「(レストランに)入っ
ている」の容認度が低いのは，存在主体が，「(飲食)客」ではなく「来賓」
であるため，「役割型」の「(レストランに) 入ッテイル」が存在主体
に対して付与する役割「客」と，実際の存在主体である「来賓」との
間に矛盾が生じるからである。
　(13)　〈アルバイトのためにレストランに出勤したバイトの学生が，
　　　　店に開店祝いの来賓や関係者の人達が大勢いるのを見て〉
　　　　たくさん人が {いる (56.5%) ／来てる (95.7%) ／入って
　　　　る(13.0%)} な。　　　　　　　　　　　　　　　（再掲）
　次の(43)(44)も同様に説明される。すなわち，「スタンド（観覧席）
に人が入っている」という表現は，一般に，主体「人」に対して「観
客」という役割を付与する「役割型」の［場所と移動動詞との慣用的
結びつき］である。(43)で「入ッテイル」の許容度が高いのは(43)

の状況と慣用的な読み（＝「観客」）との間に矛盾がないからである。

(43) 〈感染症の影響で来場者の激減を心配していた関係者が，ほぼ観客で埋まったスタンドの様子を見て，一安心して一言〉思ったより，{いる（34.8%）／来てる（78.3%）／入ってる（95.7%）} なあ。とりあえず良かった。

一方，次の (44) で「入ッテイル」の許容度の低下が感じられるのは，慣用的に引きだされる「観客」という読みと，「プロ野球のスカウト」とが矛盾するためである。

(44) 今日は，バックネット裏の観客席にプロ野球のスカウトの人達がたくさん {いる／来ている／*入っている}。

「役割型」である「{飲食店／会場／観客席…} ニ［存在主体］ガ入ッテイル」の場合，存在主体は不特定の人物でなければならない。次の (45) は，レストランで食事中の「田中さん」を見つけた時の発話である。「田中さん」はレストランで食事をしているのだから明らかに「客」であるが，特定の人物であるために「入ッテイル」は使えない。

(45) あ，レストランに田中さんが {いる／*入っている}。

上述の (14) (43) において「入ッテイル」が「役割型」として機能したのは，存在主体が不特定の人だったからである。

「行為型」の場合，存在主体に特定不特定の制約はない。次の (46) (47) の「トイレに入っている」はいずれも「行為型」であるが，存在主体が特定の場合の (46) も不特定の場合の (47) も，「Vテイル」による文が成立し，ともに「トイレを使用している」という特定行為遂行の意味を表すことができる。

(46) トイレにパパ（特定）が入っている。

(47) この駅のトイレにはいつも人（不特定）が入っている。

4.4.2　動詞の語彙的意味に起因する要因

　4.4.1 節では，「意図」がⅡ類の「Ｖテイル」と「イル」との使い分けに関与していることを見た。本節では，動詞の語彙的な意味に起因する「Ｖテイル」と「イル」の使い分けについて考察する。本節で考察する「Ｖテイル」は，主に「来テイル」と「入ッテイル」である。「来テイル」については，Ⅱ類–②の最も典型的な動詞が「来テイル」だからである。一方，Ⅱ類–①については，「入ッテイル」以外の動詞で「動詞の語彙的意味に起因する要因」の関与を裏付けるためのデータが十分に得られていないためである。

4.4.2.1　「来テイル」における自領域性

　［自領域性］は動詞「来ル」の語彙的な意味がもたらす「来テイル」使用のための基本的な条件である。寺村（1982：p. 115）は，「来ル」について「到達点が自分の領域」と述べている。これを［自領域性］と呼ぶことにする。「来テイル」の使用の前提である［自領域性］にここで言及するのは，第一に，ある特定の状況における「入ッテイル」との用法上の比較をするためである。第二に，この［自領域性］と［主体の意図に対する推測可能性］との関係を確認するためである。

　次に再掲する（14）（43）において，「入ッテイル」の許容度が高いのは，［場所と移動動詞との慣用的な結びつき］によることを前節で確認した。

　（14）〈レストランの洗い場でバイトをしている学生が，洗い場から店内を見て，大勢の人が食事をしているのに気づいて〉
　　　　今日は，たくさん人が｛いる（52.2％）／来てる（91.3％）／入ってる（87.0％）｝な。　　　　　　　　　　　　　　（再掲）

　（43）〈感染症の影響で来場者の激減を心配していた関係者が，ほ

ぼ観客で埋まったスタンドの様子を見て，一安心して一言〉

　　　思ったより，｛いる（34.8%）／来てる（78.3%）／入って

　　　る（95.7%）｝なあ。とりあえず良かった。　　　　（再掲）

　同様に，［場所と移動動詞との慣用的な結びつき］が成立しない（13）

（44）では「入っている」の許容度が低くなることも前節で見たとお

りである。

　（13）〈アルバイトのためにレストランに出勤したバイトの学生が，

　　　　店に開店祝いの来賓や関係者の人達が大勢いるのを見て〉

　　　　たくさん人が｛いる（56.5%）／来てる（95.7%）／入って

　　　　る（13.0%）｝な。　　　　　　　　　　　　　　（再掲）

　（44）今日は，バックネット裏の観客席にプロ野球のスカウトの人

　　　　達がたくさん｛いる／来ている／＊入っている｝。　（再掲）

　一方，「来テイル」の場合は，「入っている」とは異なり，上に再掲

した（14）（43）（13）（44）いずれの場合も許容度が高い。それは，

これらの文がいずれも［自領域性］と［主体の意図に対する推測可能性］

という2つの条件を満たしているからである。すなわち，まず，存在

対象の存在する場所が話し手自身の領域であるとの読みが容易にでき

る（自領域性）。また，レストランにいる客や店の関係者，野球場の

観覧席にいる観客やプロ野球のスカウトの人達に何らかの意図があっ

てその場所に来ているのだということは概ね推測可能である（主体の

意図に対する推測可能性）。

　一方，次に再掲する（25）（26）（27）は［自領域性］を満たしてい

るが，「来テイル」の許容度が低い。

　（25）家の前に不審者が｛いる／??来ている｝。　　　　（再掲）

　（26）〈整地したばかりの立ち入り禁止のグラウンドの中に人がい

　　　　るのをグラウンド整備員が見つけて一言〉

　　　あ，グラウンドに人が｛入っている (95.7%) ／いる (78.3%)
　　　／来ている（17.4%）｝。まったく，もう…。　　　　　　（再掲）

(27)〈すでに閉館した運動施設内のグラウンドを見回っていた警
　　　備員がグラウンドの中に不審な人影を見つけて一言（つぶや
　　　き）〉

　　　あ，グラウンドに人が｛入っている (82.6%) ／いる (100.0%)
　　　／来ている（8.7%）｝。　　　　　　　　　　　　　　　（再掲）

(25) (26) (27) の「来テイル」の許容度が低いのは，先述のとおり，
これらの文がいずれも［主体の意図に対する推測可能性］を満たして
いないためである。有情物の存在を表す「来テイル」使用のためには［自
領域性］と［主体の意図に対する推測可能性］がともに満たされてい
なければならないことがこれらの例からわかる。

4.4.2.2　「入ッテイル」における「内側に入る」ことへの関心

　「入ル」が表す移動は，外側から内側への，境界を超えた移動であり，
「入ッテイル」はそうした移動の結果，主体が境界の内側に存在して
いる状態を表す。

　何かが境界の内側に存在することに特別な意味の伴う場合がある。
典型的なケースは，「あるべき位置関係から逸脱した形」で主体が内
側に存在する場合である。こうした場合［場所と移動動詞との慣用的
な結びつき］がなくても「入ッテイル」によって有情物の存在を表す
ことができる。

　再掲する (26) (27) や次の (48) で「入ッテイル」の許容度が高
いのは，「内側に存在する」ことが禁止されているにもかかわらず，
主体が境界を越えて「内側」に存在しているからである。

(26)〈整地したばかりの立ち入り禁止のグラウンドの中に人がいるのをグラウンド整備員が見つけて一言〉
　　あ，グラウンドに人が｛入っている（95.7％）／いる（78.3％）／来ている（17.4％）｝。まったく，もう…。　　　　（再掲）

(27)〈すでに閉館した運動施設内のグラウンドを見回っていた警備員がグラウンドの中に不審な人影を見つけて一言（つぶやき）〉
　　あ，グラウンドに人が｛入っている（82.6％）／いる（100.0％）／来ている（8.7％）｝。　　　　　　　　　　　（再掲）

(48)〈明日は入試があるためすべての教室が入室禁止の状況で，教室内に学生がいるのを見つけた教員の一言（つぶやき）〉
　　あ，教室に学生が｛入っている（78.3％）／いる（95.7％）／来ている（17.4％）｝。ダメじゃないの，もう…。

　こうした状況では［主体の意図に対する推測可能性］が働かないため，(26)(27)(48)では「来テイル」の許容度は低くなる。

　再掲する(13)や次の(49)では，［場所と移動動詞との慣用的な結びつき］も［「内側に入る」ことへの関心］も作用しないため，有情物の存在を表す「入ッテイル」の許容度は低い。

(13)〈アルバイトのためにレストランに出勤したバイトの学生が，店に開店祝いの来賓や関係者の人達が大勢いるのを見て〉
　　たくさん人が｛いる（56.5％）／来てる（95.7％）／入ってる（13.0％）｝な。　　　　　　　　　　　　　　　　（再掲）

(49)〈早朝なので大学には自分以外まだ誰もいないと思っていた教員が，教室内の学生に気づいて一言（つぶやき）〉
　　あ，教室に学生が｛入っている（4.3％）／いる（100.0％）／来ている（91.3％）｝。早いなあ。

「教室に入っている」は，教室での特定行為遂行の意味を伴わない。また，教室に入ることによって存在主体に特定の役割が付与されるわけでもない。したがって，［場所と移動動詞との慣用的な結びつき］ではない。また，「学生」が「教室」に存在することは極めて普通の事態であるから，「学生」が境界の内側である「教室」に存在することに特別な意味は伴わない。したがって，［「内側に入る」ことへの関心］も作用しない。(49)で「入ッテイル」の許容度が低いのは，このように「入ッテイル」の使用の条件を満たしていないためである。

(13)(49)で「来テイル」が問題なく使用されるのは，［主体の意図に対する推測可能性（来賓や関係者がレストランに来ること，学生が朝大学の教室に来ることの意図に対する推測可能性）］と［自領域性（話者が存在しているレストラン，大学と同じ空間内に存在主体「来賓，関係者」「学生」がいること）］が満たされているためである。

4.5 本章のまとめ

本章での考察をまとめると次のようになる。

人の存在を表す「Vテイル」と「イル」との使い分けには，存在主体の「意図」が関与する。まず，Ⅱ類-②の「来テイル」が使用可能となるのは［主体の意図に対する推測可能性］の条件が満たされる場合である。この場合，一般には「来テイル」「イル」ともに使用可能だが((13)(14)(44)(49))，文中に主体の意図が明示されている場合，「イル」の使用が避けられる((28)(29))。一方，Ⅱ類-①の「Vテイル」では，［場所と移動動詞との慣用的な結びつき］によって主体の存在の「意図」が明確である場合，「イル」より「Vテイル」の使用が好まれる傾向が強くなる((14)(30)～(37))。ただし，Ⅱ類-①の「V

テイル」は個々の動詞の語彙的意味が要求する条件を満たせば，主体の「意図」に関わりなく「Ｖテイル」の使用が可能になると予測される。このことを「入ッテイル」について［「内側に入る」ことへの関心］という観点から検証した（(26) (27) (48)）。

第5章　おわりに

　本稿では，日本語の存在表現における類義的な表現形式を取り上げ，それらがどのように使い分けられているのかについて考察した。具体的には，次の（a）〜（d）の形の文に現れる「アル」「イル」「Vテイル」「Vテアル」という存在表現における動詞の形式の使い分けである。

　（a）存在場所ニ　存在物ガ　<u>アル</u>。
　（b）存在場所ニ　存在物ガ　<u>イル</u>。
　（c）存在場所ニ　存在物ガ　<u>Vテイル</u>。
　（d）存在場所ニ　存在物ガ　<u>Vテアル</u>。

本章では，本稿が明らかにした点と今後の課題をまとめる。

5.1　本稿が明らかにしたこと

　本稿では，「非情物の存在を表す表現」と「有情物の存在を表す表現」における動詞の使い分けを観察し，使い分けが発生する場合の要因について考察した。考察の結果，明らかになった主要なポイントを以下にまとめる。

5.1.1　非情物の存在
　　　　　―「Vテイル」「Vテアル」「アル」の使い分け―
　非情物の存在を表す「Vテイル」「Vテアル」「アル」の使い分けには次の2つの要因が関与している。すなわち，「事態の類型」と「存在の典型性」である。

「事態の類型」は,「変化」の有無,「移動・設置」の有無,「移動・設置」の対する「意志」の介在の有無によって4つの「事態の類型」(＝事態A,事態B,事態C,事態D)に分類される。「事態の類型」を図に示したのが図1である（再掲）。

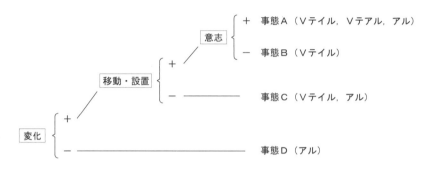

図1　ある場所に物（非情物）が存在するという事態の類型

以下に，図1のA〜Dに相当する例文を再掲する。

【事態A】

　　(1) 湖の畔に小屋が {建っている／ある／建ててある}。

　　(2) 冷蔵庫にかまぼこが {入っている／ある／入れてある}。

【事態B】

　　(3) 髪の毛におがくずが {ついている／*ある}。

　　(4) 歩道には柔らかいギンナンが {落ちている／?? ある}。

【事態C】

　　(5) 腎盂内に腫瘍が {できている／ある}。

　　(6) 腕には痣が {ついている／ある}。

【事態D】

　　(7) 家の前に川が {流れている／ある}。

(8) 羽の中央部に黄色い斑点が {＿＿＿＿＿／ある}。

　ただし，「事態の類型」の観点から「アル」の使用が可能であっても，当該事態が［(－) 存在の典型性］の特徴を有する場合，「アル」の許容度が低下する。一方，複合形式は［(－) 存在の典型性］の特徴の影響を受けない。次の (9)(10) が表す事態はいずれも事態Aである。(9) のように［(＋) 存在の典型性］の特徴を持つ事態の場合，「Vテイル」「Vテアル」「アル」いずれの形式も文は成立する。しかし，(10) のように［(－) 存在の典型性］の場合，複合形式「Vテイル」「Vテアル」の許容度は (9) と変わらないが，「アル」では許容度が低下する。

［(＋) 存在の典型性］
　　(9) 冷蔵庫にかまぼこが {入っている／入れてある／ある}。
［(－) 存在の典型性］
　　(10) ラーメンにかまぼこが {入っている／入れてある／*ある}。

5.1.2　有情物の存在　―「Vテイル」「イル」の使い分け―
　非情物の存在の場合と比べ，有情物の存在を表す「Vテイル」と「イル」との間の互換性は高く，使い分けが見られる場合は限定的である。そこで本稿では，有情物の存在を表す「Vテイル」を意味的観点から分類し，使い分けが発生するケースを絞り込んだ。まず，存在の様態を描写するかしないかという観点から，「Vテイル」を，
　Ⅰ類. 様態描写型　　（「寝台のそばに医者が座っている」等）
　Ⅱ類. 非様態描写型　（「母親のところに男が来ている」等）
という2つタイプに分けた。このうち，「Vテイル」と「イル」との使い分けが発生するのは，Ⅱ類の「Vテイル」においてである。Ⅱ類

111

の「Vテイル」は，さらに，次の2つに分類される。

① ある基準となる場所の［上／下］［内／外］に移動した結果の
　　存続

(11) 川の流れの中に若者が下りている。

(12) 甲板に船客が出ている。

② 話し手の領域に近接移動した結果の存続

(13) 動物園にたくさんの人が来ている。

Ⅱ類の①②の「Vテイル」の動詞はいずれも主体の意志的な移動を表す（位置）変化動詞であり，「事態の類型」の観点から言えば，すべて［（＋）変化／（＋）移動／（＋）意志］に分類される。したがって，有情物の存在を表す文の動詞の形式の使い分けは，「事態の類型」の異なりに起因する使い分けではなく，同一の事態の内部において発生する使い分けの問題として位置づけられる。本稿で非情物の存在と有情物の存在を分けて記述した主な理由はこの点にある。

Ⅱ類の「Vテイル」と「イル」との使い分けには，存在主体の「意図」が関与する。

Ⅱ類-②の「Vテイル（主に「来テイル」）」の成立に関与するのは［主体の意図に対する推測可能性］である。主体の意図が話し手に推測できない場合「来テイル」の許容度は低下する。

(14) 家の前に不審者が｛いる／^{??}来ている｝。

意図が推測可能な場合は，「来テイル」「イル」ともに使用可能となる。

(15) 家の前にテレビ局の記者が｛いる／来ている｝。

ただし，文中に主体の意図が明示されている場合，「イル」の使用が抑制される。(16) では下線部に主体の意図が明示されている。

(16) 最終日，動物園には，別れをおしんでたくさんの人が｛^{??}いた／来ていた｝。

　Ⅱ類-①の「Ｖテイル」では，［場所と移動動詞との慣用的な結びつき］によって存在主体の特定の「意図」が慣用的に引き出される場合がある。「イル」には特定の「意図」を慣用的に引き出す機能がないため，「Ｖテイル」と「イル」との間に意味的な役割分担が生じる。例えば，「トイレに入っている」は［場所と移動動詞との慣用的な結びつき］によって「トイレを使用している」という特定の意図を伴った意味が含意される。したがって，（17）のように，トイレが使用されている状況に対しては，「Ｖテイル」の使用が好まれる。

　（17）あいにくトイレに人が｛入っていた／^{??}いた｝。

　一方，トイレが使用されていない状況の場合は，「イル」が用いられる。

　（18）あいにくトイレに清掃係の人が｛^{??}入っていた／いた｝。

5.2　今後の課題

　存在表現の外延は極めて広範にわたる。したがって，仮に，同一の事態を表す複数の表現間の「使い分け」という点に問題を限定しても，考察すべき課題は数多く残されていることは言うまでもない。

　本稿では，存在表現に表れる「Ｖテイル」「Ｖテアル」「アル」「イル」の「使い分け」の要因として「存在するという事態の類型」と「存在物と存在場所との物理的な関係」という2つの異なるレベルの要因を挙げた。前者は「変化の結果」の捉え方に関わる問題であり，ある種のアスペクト的な意味と密接に関連している。また，後者は空間の表現に関わる問題であり，Levinson & Wilkins（2006）などの空間の文法に関する類型論的研究がある。本稿での考察をアスペクト研究や類型論における空間表現の研究と関係づけていくことは今後の重要な課

題である。

　また，本稿で考察した「存在」という事態の捉え方は，「所有」「属性」といった事態の捉え方と隣接している。さらに，表現としての「存在」は「所在」の表現と隣接する。これらの領域を視野に入れることによって「存在」の輪郭をより明確にできると思われる。

　本稿で扱うことができなかった，本稿と密接な関係のある個々の問題については，「注」として示してきた。その中でも特に重要性の高い問題としては，「Vラレテイル」の問題，および「住んでいる／暮らしている（長期的行動）」「集まっている／あふれている（密集）」「進んでいる／退いている（前後移動）」「迫っている（漸次的接近）」などの動詞の問題がある。

　本稿は，物や人が存在していることを表す基本的な表現「Vテイル」「Vテアル」「アル」「イル」の使い分けという，文法記述の観点からも言語記述の「実用性」の観点からも重要性の高い問題について考察し，一定の解答を示すことができたのではないかと思う。上に述べた課題を踏まえ，研究をさらに深めていきたい。

参考文献

安平鎬 (2000)「結果相を表す表現と空間表現との共起関係　日韓対照を中心に」
　　『空間表現と文法』くろしお出版

庵功雄 (2010)「アスペクトをめぐって」『中国語話者のための日本語教育研究』
　　創刊号

稲垣俊史 (2013)「テイル形の二側面と中国語話者によるテイルの習得への示唆」
　　『中国語話者のための日本語教育研究』第 4 号

大鹿薫久 (1987)「文法概念としての「意志」」『ことばとことのは：国語国文学』
　　第 4 集　和泉書院

大塚望 (2004)「「〜がある」文の多機能性」『言語研究』125

大場美穂子 (1996)「「〜てある」について」『東京大学言語学論集』15

奥田靖雄 (1983)「に格の名詞と動詞のくみあわせ」『日本語文法・連語論 (資料編)』
　　むぎ書房

加賀信広 (2002)「移動様態と存在様態」『英語青年』147-12 研究社

神永正史 (2008)「テアル構文の動詞構成　―存在文との近さから―」『筑波日本
　　語研究』13 筑波大学日本語学研究室

金水敏 (2000)「時の表現」『時・否定と取り立て』第 1 章　岩波書店

金水敏 (2003)「文脈的結果状態に基づく日本語助動詞の意味記述」『日本語の分
　　析と言語類型』くろしお出版

金水敏 (2006)『日本語存在表現の歴史』ひつじ書房

金水敏 (2009)「意志性・主観性と文脈」『語彙の意味と文法』くろしお出版

工藤真由美 (1982)「シテイル形式の意味記述」『人文学会雑誌』13-4 武蔵大学

工藤真由美 (1995)『アスペクト・テンス体系とテクスト　現代日本語の時間の
　　表現』ひつじ書房

工藤真由美 (2014)『現代日本語ムード・テンス・アスペクト論』ひつじ書房

呉揚 (2017)「日本語動詞の時間的限定性とアスペクト・テンス形式　運動を表
　　さない動詞を中心に」博士論文

齋藤茂（2010）「テアル構文と受動表現（ラレテイル）との使い分け　―結果を基に動作が行われたと推論することによる制約―」『麗澤大学紀要』90

佐藤琢三（1999）「ナッテイルによる単純状態の叙述」『言語研究』116

佐藤琢三(2017)「知覚されていない〈過程〉とその言語化「ある／いる」「している」「した」の選択可能性をめぐって」『日本語／日本語教育研究』8　日本語／日本語教育研究会

杉村泰（1996）「テアル構文の意味分析　―その「意図性」の観点から―」『名古屋大学人文科学研究』25

杉村泰（1996）「形式と意味の研究　―テアル構文の2類型―」『日本語教育』91

杉村泰（2002）「意志性のないテアル構文について」『言語文化論集』24-1　名古屋大学国際言語文化研究所

副島健作（2009）「「シテアル」再考　他動性の観点から」『留学生教育　琉球大学留学生センター紀要』6

張志公（編）（1982）『現代漢語　中冊』人民教育出版社

張麟声（1990）「中日単純存在表現の対照研究」『日本語学』3　明治書院

張麟声（1991）「中日様態存在表現の対照研究」『月刊言語』20-7　大修館書店

張麟声（1992）「中日所在表現の対照研究」『文化言語学　その提言と建設』文化言語学編集委員会　三省堂

張麟声(2006)「現代日本語の存在表現」益岡・野田・森山編『日本語文法の新地平1』くろしお出版

張麟声（2008）「日本語と中国語の存在表現について」『日中言語対照研究論集』10　日中言語対照研究会

張斌（編）（2010）『現代漢語描写語法』商務印書館

陳昭心(2009)「「ある／いる」の「類義表現」としての「結果の状態のテイル」」『世界の日本語教育』19　国際交流基金

寺村秀夫（1982）『日本語のシンタクスと意味Ⅰ』くろしお出版

寺村秀夫（1984）『日本語のシンタクスと意味Ⅱ』くろしお出版

中畠孝幸（1999）「結果を表す構文について：テアルとラレテイル」『三重大学日本語学文学』10

西坂祥平・稲垣俊史（2016）「日本語と中国語における「変化」と「状態」/「存在」の表し方 －移動動詞と状態変化動詞のテイル使用場面に着目して－」『中国語話者のための日本語教育研究』第7号

西山佑司（2003）『日本語名詞句の意味論と語用論　指示的名詞句と非指示的名詞句』ひつじ書房

仁田義雄（2010）『語彙論的統語論の観点から』ひつじ書房

仁田義雄（2016）『文と事態類型を中心に』くろしお出版

日本語記述文法研究会（2007）『現代日本語文法3』くろしお出版

日本語記述文法研究会（2009）『現代日本語文法2』くろしお出版

丹羽哲也（2015）「存在文の分類をめぐって」『國語國文』84-4　京都大学文学部国語学国文学研究室

野田大志（2017）「現代日本語における動詞「ある」の多義構造」『国立国語研究所論集』12

野村剛史（2003）「存在の様態　シテイルについて」『國語國文』72-8 京都大学文学部国語学国文学研究室

原沢伊都夫（1998）「テアル形の意味　テイル形との関係において」『日本語教育』98

原沢伊都夫（1999）「テアル能動型の主体の欠如について」『月刊　言語』28.9

原沢伊都夫（2002）「理論と実践の結びつき　―テアルの表現形式から―」『静岡大学留学生センター紀要』1

原沢伊都夫（2003）「所有の意味を有する存在文について　―意志性の有無の観点から―」『静岡大学留学生センター紀要』2

原沢伊都夫（2005）「テアルの意味分析　意図性の観点から」『日本語文法』5-1

福嶋健伸（2004）「現代日本語の～テイルと格体制の変更について」（研究ノート）『実践国文学』65

福嶋健伸（2006）「動詞の格体制と～テイルについて　小説のデータを用いたニ格句の分析」『現代日本語文法　現象と理論のインタラクション』ひつじ書房

藤井正（1976）「「動詞＋ている」の意味」『日本語動詞のアスペクト』むぎ書房

益岡隆志（1987）『命題の文法　日本語文法序説』くろしお出版

益岡隆志（1992）「日本語の補助動詞構文」『文化言語学　その提言と建設』文化言語学編集委員会　三省堂

益岡隆志（2002）「日本語記述文法の新たな展開をめざして」『月刊言語』31(1)大修館書店

三上章（1970）『文法小論集』くろしお出版

森山卓郎（1988）『日本語動詞述語文の研究』明治書院

山崎恵（1992）「「結果相」の表現に関する一考察　―「～ている」「～てある」「～られている」「～られてある」―」『富山国際大学紀要』Vol.2

李臨定（1986）『現代漢語句型』商務院書館

渡辺誠治（2020）「非情物の存在を表す「Vテイル」と「アル」の使い分けについて」『日本語教育』175

渡辺誠治（2021）「有情物の存在を表す「Vテイル」と「イル」の使い分けについて」『日本語教育』178

Y. Igarashi and T. Gunji (1998) The temporal system in Japanese. *Topics in constraint-based grammar of Japanese*, Dordrecht: Kluwer

C. Levinson and P. Wilkins (2006) The background to the study of the language of space, *Grammar of Space Explorations in Cognitive Diversity*, Cambridge

あとがき

　本書『現代日本語の存在を表す諸表現　—「アル」「イル」「テイル」「テアル」—　』は，2022 年 1 月に大阪府立大学（現・大阪公立大学）大学院に提出した博士学位論文『現代日本語の存在表現の研究』に若干の変更を加えたものです。博士論文執筆の過程で張麟声教授，西尾純二教授，山東功教授，奥村和子准教授から多くの有益なご助言をいただきました。

　益岡隆志先生（関西外国語大学教授）には私が神戸市外国語大学大学院の修士課程在籍中，日本語の文法について考えることの面白さ，深さ，そして，それを記述していく方法やその意義など，非常に多くのことを学ばせていただきました。修士課程の 2 年間はかけがえのない貴重な時間でした。心より感謝申し上げます。

　張麟声先生には，先生が主催される多くの研究会，そして，博士論文執筆の過程において実に多くのご助言とご指導を賜りました。「アル／イル」と「Ｖテイル」というレベルの異なる表現の間の「使い分け」という言語研究としての位置づけが難しいテーマ設定に対し確信が揺らぎがちになる私を，先生は一貫して信頼し鼓舞し続けてくださいました。先生の情熱的なご指導と励ましがなければ本稿の完成はありませんでした。この場をお借りし改めて感謝申し上げます。

　日本語教育誤用例研究会，実在の誤用に基づく類義表現研究会では，メンバーの先生方から多くの建設的なご助言をいただきました。また，本書の出版にあたって日中言語文化出版者の関谷一雄社長，中村奈々様にはたいへんお世話になりました。

　これらの方々をはじめ，私を支えてくださったすべての方々に心より感謝申しあげます。

2023 年 2 月

渡辺　誠治

渡辺　誠治（わたなべ　せいじ）

神戸市外国語大学大学院修士課程，大阪府立大学大学院博士課程修了。博士（言語文化学）。

活水女子大学教授。専門：日本語学，日本語教育。主な論文：「ある要素に対する新規の属性の取り入れに関わる形式「ッテ」と「ゼロ」を中心に」『日本語・日本文化21』（大阪外国語大学），「時間表現としての，中国語「到」「ゼロ形式」と日本語「まで」「に」「で」」『活水論文集56』，「非情物の存在を表す「Vテイル」と「アル」の使い分けについて」『日本語教育175』，「有情物の存在を表す「Vテイル」と「イル」の使い分けについて」『日本語教育178』

現代日本語の存在を表す諸表現
―「アル」「イル」「テイル」「テアル」―

2023年3月31日　　初版第1刷発行

著　者　　渡　辺　誠　治
発行者　　関　谷　一　雄
発行所　　日中言語文化出版社
　　　　　〒531-0074 大阪市北区本庄東2丁目13番21号
　　　　　TEL　06（6485）2406
　　　　　FAX　06（6371）2303
印刷所　　有限会社 扶桑印刷社